大公司跟对人 小公司做对事
DAGONGSI GENDUIREN　XIAOGONGSI ZUODUISHI

从前,有个年轻人请教一位德高望重的智者:"我怎样才能成功呢?"智者告诉他:"有三个秘诀:第一个是帮成功者做事;第二个是与成功者共事;第三个是请成功者为你做事。"很显然,这三个秘诀里,最现实也最容易实现的还是第一个——帮成功者做事,即跟对人,这是成功的第一步。在大公司,这一点尤为重要。跟对人,就等于搭上了成功的顺风车,可以少走很多弯路,甚至绕开致命的失败。也就是说,只有跟对人,才能做对事;跟错了人,整个世界也就跟着错了。

小公司的生存法则是做对事

在小公司，做正确的事，远比把事情做正确更重要！

大公司 跟对人
小公司 做对事

跟对人是大公司生存策略

做对事是小公司的成长策略

韩 焘 ⊙ 编著

DAGONGSI GENDUIREN
XIAOGONGSI ZUODUISHI

黄河出版传媒集团
宁夏人民出版社
全国百佳出版社
中央编译出版社

图书在版编目（CIP）数据

大公司跟对人，小公司做对事/韩焘编著．——银川：宁夏人民出版社；北京：中央编译出版，2011.12
　　ISBN 978-7-227-05062-9

Ⅰ．①大　Ⅱ．①韩　Ⅲ．①成功心理—通俗读物
Ⅳ．① B848.4-49

中国版本图书馆 CIP 数据核字（2012）第 000135 号

大公司跟对人，小公司做对事	韩焘　编著

责任编辑　　吕　棣　马明德
封面设计　　许　炜
责任印制　　李宗妮

黄河出版传媒集团
宁夏人民出版社　出版发行
中央编译出版社

地　　址	银川市北京东路 139 号出版大厦（750001）
网　　址	http://www.yrpubm.com
网上书店	http://www.hh-book.com
电子信箱	renminshe@yrpubm.com
邮购电话	0951-5044614
经　　销	全国新华书店
印刷装订	北京燕旭开拓印务有限公司
开　　本	710mm×1000mm　1/16　　印　张　17　　字　数　250 千
印刷委托书号	（宁）0008746　　印　数　4000 册
版　　次	2012 年 3 月第 1 版　　印　次　2012 年 3 月第 1 次印刷
书　　号	ISBN 978-7-227-05062-9/B・156
定　　价	33.80 元

版权所有　　侵权必究

[前言]

从前，有位年轻人请教一位德高望重的智者："我怎样才能成功呢？"智者告诉他："有三个秘诀：第一个是帮成功者做事；第二个是与成功者共事；第三个是请成功者为你做事。"很显然，这三个秘诀，最现实也最容易实现的还是第一个——帮成功者做事，即跟对人，这是成功的第一步。在大公司，这一点尤为重要，跟对人就等于搭上了成功的顺风车，可以少走很多弯路，甚至绕开致命的失败。也就是说，只有跟对人，才能做对事；跟错了人，整个世界也就跟着错了。

自古以来，也有许多不同时代不同行业的成功者对成功的因素给出了各种不同的答案，于是衍生出了各种关于成功因素的不同版本。也就是说，许多时候，才能只是一块敲门砖，门开了，能否到达彼岸，还得看自己如何把握。众多职场人士经过不断的探索和验证得出一个结论：若想取得成功，就必须跟对人、做对事，二者缺一不可。按照这种理念走下去的人，往往只需要用较短的时间就能获得成功。

在现实生活中，由于公司大小和环境的不同，对这两点会有所偏向。

大公司跟对人
小公司做对事

大公司由于工作界限划分很明确，一件工作需要多人或多部门协同完成，而且公司人员众多、人际关系也较为复杂，所以跟着对的人走对的路更加重要。在工作中，我们会遇到各种不同类型的领导，倘若你跟对了人，你就会获得一种职业的安全感，在他的领导下，你就有机会释放出你的能量，最大限度地去发展自己，跟着这样的上司，你永远都不会失望。在大公司，不论你多么有潜力、有才华，如果没有跟着那个对的人，那么你就很容易在复杂的组织结构和人际关系中迷失，使你的潜力和才华得不到培养和施展，最后可能导致你自身所具备的潜力和才华如树叶一般干枯掉。

而小公司因为制度不够完善，往往一件工作（或工作主体）需要一个人来做，所以会更加注重正确地做事和做正确的事。在每天的日常工作中，我们都要面对各种各样琐碎的事情，怎样将这些事情做好，是一门深奥的学问，也是成就梦想的阶梯。把事做对是一种技巧、一种能力，要做对事，就要知道对于自己来说什么是对的；做对的事是一种选择、一种方向。因此，在工作中要脚踏实地，认真负责地做事，只有这样，才能一步步地接近自己的目标，最终收获你所想要的一切。

也就是说，大公司跟对人，小公司做对事。跟人和做事，两者相辅相成，缺一不可，这是通往成功的捷径。本书运用大量实例，对两者进行透彻的解析，希望可以引导您走向成功之路。

目 录

上篇 这些道理你必须懂

第一章 在上班前需要顿悟的道理 / 3

我们每天忙忙碌碌、来来往往,到底是为了什么?我们为什么去上班?是为了公司、为了老板,还是为了薪水,或社会地位?我们是为谁工作?怎样才能得到老板或上司的肯定?这些都是我们在上班之前需要考虑清楚的问题,只有懂得了这些道理,我们才会找准方向,把眼光放在这份工作对你自身的价值上,也才可以获取我们想要的成功。

你是为自己工作 / 3

不要触碰老板的"心理底线" / 8

老板总是提拔那些他能经常看到的人 / 12

不要以为当领导是件很容易的事 / 15

老板更喜欢什么样的员工 / 19

对老板怀有一颗感恩的心 / 24

中篇　大公司有大公司的潜规则

第二章　宁可入错行，不可跟错人 / 31

选择上司，就是要给自己选择一个发挥和提高自身才能的机会，就是选择你人生的目标、你的向导，以及你的发展方向，就是选择你的成就理想的环境、你的财富，以及你的生活，甚至是选择你的一生成功与否……

跟对人，成功更容易 / 31

跟对人，能少绕许多弯路 / 34

天才也怕投错门 / 37

不找任何借口 / 42

选对上司者得"舞台" / 47

甘为老板当马前卒 / 51

第三章　好上司是一所好学校 / 57

好上司就像一所好的学校，他能成为下属的良师益友，为他遮风避

目 录

雨,助他完成自己的人生目标。好上司也像一个好的园丁,每天都要浇水、施肥,必要时还要除去杂草,让下属可以感觉到春暖花开的温暖。

选择好公司,还是好上司,这是个问题 / **57**

一个好上司会让你受用无穷 / **60**

选上司就像选对象 / **64**

你要站在巨人的肩膀上 / **66**

跟随上司一起成长 / **70**

第四章 自己走百步,不如伯乐扶你走一步 / 75

成功不在于你知道什么或你做什么,而在于你认识谁。自己走百步,不如伯乐扶你走一步。如今已不是单枪匹马的时代了,我们必须要在合作中求发展,求生存。因此,要多交一些"高含金量"的朋友,也就是对你事业有帮助的人。

伯乐是你通往成功的隐形翅膀 / **75**

遇到伯乐,要让他看到你 / **79**

伯乐相千里马:最看中忠诚的员工 / **83**

伯乐相千里马:最欣赏上进的员工 / **86**

伯乐相千里马:最喜欢敬业的员工 / **89**

伯乐相千里马:最欢迎勤奋的员工 / **93**

第五章 选择最适合你的上司 / 99

一般来说员工接触最多的是直属上司,一定要选好自己的上司,找到最适合自己的上司,这样你才可以获得更多的信息。而如果公司的企业文化相对没那么开放，那么则去和自己敬仰的上司谈一谈，从过来人身上得到些有用的建议。并且要多去发现一些上司的优点，去请教他们工作方面的问题，找到对方比自己做得好的地方。

选择最值得你追随的好上司 / **99**

读懂上司脸上的"天气预报" / **103**

从谈吐风格捕捉上司的心理 / **106**

从他的个性判断上司 / **109**

不同上司不同对待 / **113**

识别外企上司的习惯 / **117**

从他的爱好看上司 / **120**

下篇　小公司有小公司的硬道理

第六章　让自己变得不可替代 / 127

西班牙著名学者巴尔塔沙·葛拉西安曾经说过："在生活和工作中要不断完善自己，使自己变得不可替代。让别人离了你就无法正常运转，这样你的地位就会大大提高。"事实上，如果一个人在他的公司中是不可替代，那他的成功也就指日可待了。

工作中，对人要有情，对事要无情 / **127**

要让自己成为真正的"专家" / **131**

目 录

老板要的是结果 / **133**

把自己折腾成骨干 / **136**

做问题的终结者 / **140**

不断充电才能不掉链子做对事 / **145**

每天多做一点点 / **149**

第七章 在正确的时间做正确的事 / 155

最优秀的射手就是最善于捕捉战机的人，他们总能在正确的时间出现在正确的地点，他们的力量就在于恰到好处地给对手致命一击。同样的，在正确的时间抵达正确的地点也是所有参加工作的人永远要面对的挑战，无论是在政坛，还是在商海，都要善于在正确的时间和地点做正确的事情。一个人能在正确的时间做正确的事，这个人一定会成功。而这种找到恰当时间的能力是需要判断力的。

做对事，要先定好位 / **155**

做对事就是对自己负责 / **159**

找对方法做对事 / **164**

拖延是种慢性的毒 / **170**

"半途而废"有时也只是名字的选择 / **174**

坚持到底直至成功 / **175**

最有效地利用时间 / **180**

第八章 做事不可不负责 / 187

美国麦金莱总统在一所学校演讲时对学生们说："比其他事情更重

要的，是你们需要尽职尽责地把一件事情做得尽可能完美；与其他有能力做这件事的人相比，如果你能做得更好，那么，你就永远不会失业。"当一个人真正把工作当成自己的事，并且对工作充满责任感时，他就能从中学到更多的知识，积累到更多的经验，遇到困难时，他也能找到更多的解决问题的方案，从而一开始就把事情做对。

工作就意味着责任 / **187**

把自己当成公司的主人 / **191**

一盎司的责任胜过一磅的能力 / **194**

糊弄工作就是糊弄自己 / **197**

不要为自己的失误辩解 / **201**

责任带来机遇 / **204**

第九章 做事要做得恰到好处 / 209

恰到好处是不走极端、不和稀泥。在职场上，做事就要做得恰到好处，这是我们能够达到成功的大智慧。

把事情做到位 / **209**

找准问题的病根儿 / **213**

针对问题下对药 / **217**

把工作落到实处 / **221**

把简单的事落实到极致就是成功 / **225**

非凡的成效来自超凡的执行力 / **227**

第十章 做事做的就是细节 / 233

从古至今,大多数的人都是只想做大事,而不愿意或者不屑于做小事。但任何大事的成功都是由无数小事积累而成的,而愿意把小事做好的人太少。如果在工作中始终不拘"小节",不屑抓细节,最后只会因小"疵"而掩了大"玉"。因此,一个人要想获得成功,那么,对自己工作中的任何小事及细节,就绝不能采取敷衍应付或轻视懈怠的态度,这样才能从根本上防止和避免危害和损失的产生。做事做的就是细节。

把小事做细,把细节做透 / **233**

细节也能做出大机会 / **237**

一定要处理好工作中的细枝末节 / **241**

工作里面无小事 / **245**

"差不多"其实"差很多" / **250**

做好小事可成大事,做好细节堪称完美 / **254**

上 篇
这些道理你必须懂

[第一章]
在上班前需要顿悟的道理

我们每天忙忙碌碌、来来往往,到底是为了什么?我们为什么去上班?是为了公司、为了老板,还是为了薪水,或社会地位?我们是为谁工作?怎样才能得到老板或上司的肯定?这些都是我们在上班之前需要考虑清楚的问题,只有懂得了这些道理,我们才会找准方向,把眼光放在这份工作对你自身的价值上,也才可以获取我们想要的成功。

你是为自己工作

要知道,你工作,不只是为了公司,更是为了自己。如果你斤斤计较

大公司跟对人 小公司做对事

地盯着今天少赚了，明天吃亏了，那么你就容易被这样的短期利益蒙蔽住心智，致使你一辈子都只能在小职员位置上待着。在工作中学习经验，锻炼能力，获得成长的机会，这些都比薪水更重要。

人的一生中，工作占据了我们生命中的大部分时间。它是人生运转自如的转轴，影响着我们的人生。

有人曾经采访过松下、索尼等日本大型电子公司的员工，问他们："你们在岗位上是做什么的？"

结果，答案五花八门，应有尽有。

"上螺丝。"

"搞焊接。"

……

甚至还有人回答说："我在这里20年了，我一直在上螺丝。"

其实，他们的答案也不算错，但这些又都不是理想答案，他们没有人回答说："做电子产品。"更没有人回答："加快人类与社会的联系，促进社会的繁荣进步。"他们只是每天忙忙碌碌地上班、下班，领着固定的薪水，机械而被动地工作着，朝九晚五。他们为了工作而工作，因为一些小事高兴或者抱怨，却从来不思考：到底什么是工作？为什么工作？自己在为谁工作？我们是为了老板工作吗？如果你这么想那就是大错特错了！你是在为自己工作！

我们在工作中积累经验，锻炼自己，熟悉技巧，掌握人脉，累积信任，在不知不觉中完成质的飞跃，至于金钱，它只是工作所给予你的无数奖励品中的一个，金钱不是目的。如果我们的工作只是为了金钱，那么工作只能是毫无趣味的，但如果我们是为了自己工作，工作便能够给你带来轻松

第一章 在上班前需要顿悟的道理

愉快的心情，而且人们也会更加重视你，仰慕你。

在某公司，有一位博士与一位能力相当的同学一起进入公司，那时他的薪水是10000元，但他同学的薪水却比他多出5000元。因此，在工作的时候，他总是漫不经心，小错误常常发生，工作效率低，要不然就像自己吃了大亏似的。也因此，后来他同学升到了经理的职位，他却还在普通职员的职位上一直没有动弹。

这位博士就是因为只为了金钱工作，认为少5000元就要少干5000元的活。不但让学习机会与晋升空间离自己远去，还养成了各种各样的坏习惯，成为了他以后成长的障碍。问题是，像他这样的人在我们身边并不在少数，下面这个建筑师也是如此。

一位干了十几年的建筑师，因为其敬业深得老板的欣赏和信任。但日子长了，这个建筑师厌倦了为别人打工，想要自己开家公司。于是他对老板提出了辞职，老板舍不得他走，再三挽留，但他不为所动。于是，老板只好接受了他的辞呈，但同时请他帮忙再为自己盖一座房子。这位建筑师不好推辞，便答应了下来。

由于建筑师的心思已经不在这个上面了，于是他便开始应付差事，结果房子盖出来后，做工粗糙，用料也不严格，设计还有几处纰漏。谁料，房子建好后，老板把钥匙交到建筑师手里说：“数年情谊，想送你座房子，想来想去，还是你干活我最放心，但我没想到……"

这位建筑师入行多年，为别人盖了那么多精美的房子，最后却为自己建了一座粗制滥造的房子。他以为是在为别人盖房，却不知道自己所盖的房最后就是自己的，但是悔之晚矣。表面看来，你工作所做的一切都是在为公司招揽业务，争取利润，但实际上，公司给你的工作报酬不光是金钱，你在工作中还能获得最珍贵的经验、良好的训练和展示才华的舞台。所以，尽早丢掉那种为了薪水而工作的念头吧，它是你成功路上最大的绊脚石！

要知道，你工作不只是为了公司，更是为了自己。如果你斤斤计较地盯着今天少赚了，明天吃亏了，那么你就容易被这样的短期利益蒙蔽住心智，致使你一辈子都只能在小职员位置上待着。在工作中学习经验、锻炼能力、获得成长的机会，这些比薪水更重要。

陈烨小时候因为家贫，没有接受多少教育，他很小就走出农村，出来工作。从15岁开始，他做过民工、商贩、服务员，虽然工作卑微，但他总能将自己的工作做得很出色。3年后，为了寻找更好的发展，陈烨到了城里的一个建筑工地打工。

陈烨下定决心一定要做工地上最优秀的一个工人。所以，当其他人都在抱怨工作太累，薪水太低而干活不积极的时候，陈烨却默默地忍受着，努力着，他积累着工作经验，自学建筑知识。

有一天，正赶上休息时间，陈烨躲在角落里看书，同伴们都聚在一起聊天、玩闹，刚好经理来工地检查工作，经理走过来翻了翻陈烨的书和笔记，什么也没说就走了。第二天，陈烨成了公司的技师。于是有人讽刺他装样子，而陈烨回答："我不光是在为老板打工，我也是在为我自己打工，只有我的价值远远超出我所得到的薪水，我才能实现我的梦想！"就是因为有着这样的信念，陈烨一步步升到了总工程师的职位。

陈烨的经历清楚地表明，你是在为自己工作，不负责任、得过且过，最后辜负的将是你自己。工作只是你前进的阶梯，只有阶梯稳，你才能登得高，走得远。工作所给予你的，要比你为它付出得更多。就如洛克菲勒所说：我们努力工作的最高报酬，不在于我们所获得的，而在于我们会因此成为什么。如果你将工作视为一个你需要获得实践经验的机会，那么，你会发现自己所做的每一项工作都包含着许多这样的机会。

事实上，世界上大多数人的梦想都被现实消磨殆尽，只为了那微薄的薪水而工作。

其实，能力比金钱重要，金钱是会花光、会丢失、会被偷走的，但是能力不会。困难的任务能锻炼我们的能力，拓展我们的才能，和同事的合作能培养我们的性格和适应能力，这些都是工作给我们的一笔最宝贵的财富。努力工作看起来受惠于公司，但最终的受益者还是自己。无论是创造力、决策力、执行力，还是洞察力，都不是一蹴而就的，而是在长期认真负责的工作中积累和学习得到的。老板能控制你的工资，却不能限制你学习的眼睛和精神。我们不仅要为现在的薪水工作，更要为未来的薪水奋斗。

我们为自己工作，就要有一种老板心态，像老板一样思考。这并不是说我们每个人都可以成为老板，而是要树立一种主人翁意识，以老板的态度来对待公司，这样你将受益匪浅。这是对我们每个人的发展提出的更高的要求，其中包括具有更强的责任心、努力争取更上一层楼、更加重视顾客和个人的服务等等。

在做事的时候，认真思考以下问题。

如果我是老板，会怎样对待难缠的客户？

如果我是老板，目前这个项目是不是需要认真考虑一下后，再作投资决定？

如果我是老板，面对公司无谓的浪费，会采取什么必要的措施？

如果我是老板，会怎样注意自己的言行举止？

……

当你以老板的角度思考问题时，即便是最平凡的工作，也会变得生机盎然。

你没有理由不认真工作,你所在的公司不仅是别人的船,也是你自己的一艘船,只有那些为自己而工作的人,才能成就辉煌的人生。因为他们会尽善尽美地去完成自己的工作,即使受到挫折,也不会气馁,而是将其视为走向成功巅峰的必经之路。

不要触碰老板的"心理底线"

老板也是人,也有七情六欲。如果你动了他灵魂深处那根脆弱、敏感的情感神经,那么你的位子也得动一动了。尊重老板的情感,获得老板的认同,事实上也就获得了变革的最大推动力!

俗语说:"龙有逆鳞,触之则死。"而每家企业的老板也有着如同"逆鳞"般的"心理底线",触动"底线"者也将凶多吉少。职场如战场,所谓"知己知彼,百战百胜",在某种意义上,了解你老板的心理底线比了解你的工作更重要。

老板的心理底线在哪里,是每一个在职场工作的人心里迫切想知道的,因为这涉及我们的职场命脉,关乎我们的升迁和发展。

王女士是某知名民营企业的行政人事副总经理,因为这家公司有职业发展、升职和大幅加薪的机会,所以她从外资企业的主管跳到这家民营企业任副总经理。按她当初的话来说就是:"一张白纸更好描绘最美最新的蓝图,我终于找到了一个可以发挥优势与才能的地方!"老板也希望通过引进她从而使公司在人力资源方面有质的飞跃。

第一章 在上班前需要顿悟的道理

所谓"新官上任三把火",她一上任首先实施绩效目标考核;其次进行岗位竞聘,优胜劣汰;最后是系统培训,人才培养。当时,她凭着一股子干事业的热情劲,制定了详细的人力资源发展战略和规划。这个方案就连专家都无可挑剔。可是,不到3个月,她的计划就搁浅了,5个月后她被公司宣布辞退。

老板开除她的原因也很简单。她的三把火一来就烧到老板家里了,绩效目标考核没错,岗位竞聘也没错,培训更是件好事。可是她却动到了老板的七大姑八大姨,连老板的老丈人都看不惯,老板的老丈人年龄一大把了,到公司来是为了尽一份自己的力量,他尽心尽职的行为一直是员工学习的榜样。但王女士却认为其能力不符合传达室门岗的要求,不适应国际化公司的标准,要劝退或是辞退,还认为这可以起到杀一儆百的作用,是公司人力资源规范化管理的关键事件。老板多次有意无意地提示她从其他地方开刀,她偏不,并认为这件事有代表性。但她却忽视了当年老板起家的时候,他老丈人给予的帮助,这份情感是割舍不下的,辞退老板的老丈人以至于让老板家后院起火,老板也得了个"为富不仁"的名声。让她走还是让老板的老丈人走,老板当然选择她了。

老板也是人,也有七情六欲。如果你动了他灵魂深处那根脆弱、敏感的情感神经,那么你的位子也得动一动了。尊重老板的情感,获得老板的认同,事实上也就获得了变革的最大推动力!

除了亲情外,有时候老板们也擅长在细节处较真,可能因小的道德瑕疵而大动干戈。

广州某空调公司的空调从5月份以后就进入了销售的旺季,到7月份销售也一直居高不下,全公司的人都进入了高度战备状态。但是就在这时候,赵总将主抓销售的一位副手李经理停职了。停职的原因仅仅是因为一个细节。

总公司为了促销，定制了一批厨房刀具，凡是购买产品的人均可免费领取一份。这套刀具公司定价在70元左右，对外售价是105元。当时正值空调销售的热季，而公司的空调品牌好，性价比高，所以顾客不是冲着赠品来购买的。这时，李经理干了一件似乎"聪明"的事情，他扣留了这3个月来所有的赠品，一次性以低价销售给了一家五金店的老板，李经理也收入了近6000元。之后李经理将这6000元作了奖金，按职位大小比例进行了分配，连销售内勤都分得了200元的旺季奖金，部门上下欢欣鼓舞，正策划着下一轮的促销品"套装餐具"如何处理。

这让赵总大为恼火，不但没有表扬李经理，反而让他停职待岗。赵总认为：李的行为极无商业道德可言，尽管他没有把钱私吞，但比私吞的后果还要严重，因为他在团队内制造了一种不良的风气，让全公司的人认为破坏顾客利益和商业规则是无所谓的。如果刹不住这种风气，员工的职业价值观会走入误区，使顾客的满意度下降或丧失，最后影响到公司的品牌。

公司有公司的利益，在你的思维意识中认为无伤大雅的行为或许已经超越了企业的"雷池"。之所以外资企业在培训员工时非常重视道德与企业价值观的培训，是因为这将决定着员工未来行为的导向。

一般来说，老板都有其心理底线，一旦你不小心触犯了这条底线，后果自然是你走人了。对于老板的心理底线，即使大家平时在嘴上不怎么公开讨论，却每天都在经历着、琢磨着，这就好比在布满地雷的战场，每天我们都在穿梭行进，却不知道什么时候会踩到那根底线，以致地雷爆炸，牺牲自己。因此摸准老板的心理底线，有助于我们规避职场上来自老板的那部分风险。

除了上述几条外，一般来说，老板的心理底线还有以下几点是员工一定不能碰触的。

1. 拿公司利益作筹码

在每个老板的心目中，公司利益都是神圣的，一旦有人触动了这块神圣、不可侵犯的"奶酪"，最终只会自食其果。如为了交好同事，利用职务之便随意更改公司的"用车记录"和"考勤制度"等，一旦你有这种违规行为，经济损失只是外在的一种体现，你的这种行为既侵害了公司的利益，也损害到了公司的管理，更重要的是，你的行为会具有极强的不好的传播能力，很有可能形成一种不良的企业文化。

没有一个老板可以容忍手下的员工"拿公司的利益作筹码"。可能很多员工都会认为这类员工是"聪明人""变通者"，但敢于以此类行为冲击老板心理底线的员工，其前途是不容乐观的。

2. 不认同企业

在每个老板心目中，他的公司永远是最好的，他们希望自己的企业如同一个家，有力量，有凝聚力，与他的个人意志相一致。每位老板都希望公司可以得到员工的认同与支持，尽管他们心里知道公司有不足之处，但他们希望得到员工的理解。而那些整天给企业"泼冷水"、对企业不认同的人，在老板的眼中无疑是"异教徒"。

我们须知，职场忠诚比能力更重要。而忠诚的基础就是认同，不认同企业既是职场大忌也是企业大忌。你一旦触及到了老板心中那根敏感的底线，那受损伤的将会是自己。

3. 你的立场是什么

老板经常说的一句话是：要站在公司的角度看问题。而"公司的角度"

正是老板心目中所有员工都应有的立场。立场在老板心中犹如一根"高压线",触线者必"死"无疑。

还有很多人所面对的不是老板,而是自己的直属上司,其实,直属上司可以说是你的小老板,也是你职场上的"天花板"。你与之相处的时候也要讲究技巧,尽量不要去触碰他的心理底线。

当然,以上所说的都是一些普遍情况下的老板心理底线。其实,老板的心理底线并没有一个固定的标准,因人而异,在工作中全靠自己审时度势适度把握。但我们要时刻记住,老板首先是一个普通的人,在不同的阶段,他们会有自己特定的价值取向,因此其底线也不是一定的,而无法识别出老板心理底线的人,其职业前途是可以想象的。

也许你会觉得,老板的心理底线不好琢磨,但是作为一名员工,我们应该主动积极地去分析、了解、探知他的心理底线,这也决定着你们未来的合作道路能走多远。

老板总是提拔那些他能经常看到的人

如果你想要升迁,想被提拔,却又常常躲避着老板或高层,每次都躲在别人看不见的地方,还一边哀叹,为什么他们就看不见你,这不是很奇怪吗?……在工作中,你千万不要以为只要自己有能力就行了。虽然能力很重要,但方法也是很重要的。

大部分在职场打拼的人一般远远地看到一个人,就会悄悄转身然后快

第一章 在上班前需要顿悟的道理

速走开，实在没办法必须面对的时候也会尽量减少对话的内容，尽量迅速离开，如果电梯里只有你们两个人，可能会令你变得手足无措、紧张不安。这个人是谁？他就是你的老板。

为什么员工老想着要躲避老板呢？是因为有心理负担吗？可为什么会有心理负担呢？就因为他是老板？你可能会认为，自己会被老板挑出什么毛病，如果跟老板聊得热火朝天，其他同事又会认为自己在溜须拍马。

这种事情在平时我们经常遇到或是见到，事实上所有人都毫无特殊理由地躲避着老板或高层人员，但这并不是什么好事情，看完这个调查你就知道了：美国的某家猎头公司曾对 1300 名管理者进行过调查，结果发现远离老板或高层人员的员工，无法或者说很难凭借自身的能力获得晋升。被调查的这些人中，有 68% 的管理者提拔了自己经常看见的员工。也就是说，这些老板或高层人员通常都会优先提拔那些自己经常遇到并与之进行交流的员工，而这些员工不一定都是有能力的或是诚实可靠的员工。

其实，这种现象并不是只在美国企业存在，事实上，古今中外的人们总是优先选择经常看到的人。经常出现在管理者周围的人，会最先得到外界认可，获得好评，并很快取得成功。

某公司的某部门因缺少人手而聘用了一名实习生小安，他是一位普通大学的大四学生，相貌也普通。尽管他住得很远，但每天很早他就到了公司。当时公司里每个人手头的工作都很多，没有人专门负责带他，他的上司就直接给了他一堆活，大概解释一下，就让他自行解决。小安算不上聪明，学习东西也不快，总是一个人闷头思考解决的办法。不过，虽然他做事较慢，但他很认真，整理、装订和归档的资料在质量上还不错。

大公司跟对人

小公司做对事

后来，由于公司内的另一位同事家里有事，需要经常请假，于是上司让小安接手这位同事的一小部分工作，每天整理好文件和报告，送给老板签字。小安的工作也因此一下子增多了，这让他每天晚上基本上9点多才能下班。而带他的上司对他的工作效率不怎么满意，觉得他不是特别聪明，也没什么潜力。

但快近年尾时，老板却决定直接录用小安。有人好奇地问老板为什么要录用小安。老板回答说："小安不错啊，每天早上我来得比较早，而他比我更早。平时，他来我办公室送文件也很小心，没出过什么差错，和我沟通也还是不错的。综合来看还适合这个职位，所以就直接用他吧。"就这样，小安奇迹般地被录用了。

其实，小安赢得这份工作机会的真正原因就是因为老板对他比较熟悉，他能经常看到小安，老板认为"他每天来得早走得晚，做事很认真，送文件很小心"，"送文件的时候和我说话，感觉沟通还可以"。老板能经常看到小安，接触到他，知道他的日常表现，因此也会有亲切感，当然要给予下属上升的机会，给他适当的关注和提拔。

相反，很多人在现有的岗位上做得有声有色，却得不到应有的提升，明明公司有空缺，有适合自己的职位，但老板宁愿让空着甚至换成别的能力还不如自己的人来做，这是为什么呢？无法获得提升，这是职场中很常见也是一些业务精英常遇到的问题。当然无法获得提升的原因很多，我们排除个人能力方面的因素，那就是你很适合较高的职位却得不到应有的提升。工作能力很强却得不到应有的提升，肯定是你的有些方面是不被老板看好的。看看前文提到的那些问题，你是不是也在犯？要知道，当你和同事的业务能力相差不是太大的时候，老板在提拔人时通常会选择他自己更熟悉的那个。

第一章　在上班前需要顿悟的道理

老板也是一个普通人，不是有没有都无所谓的某某，他更欣赏和照顾那个每天都能见到并同他开玩笑的人，这是人之常情。但是人们在工作中总是下意识地把这件事情忘记，或者是忽略了它的重要性。如果你想要升迁，想被提拔，却又常常躲避着老板或高层，每次都躲在别人看不见的地方，还一边哀叹，为什么他们就看不见你，这不是很奇怪吗？而且，甚至你还会冷落那些与老板走得很近的同事，甚至还故意找碴。在工作中，你千万不要以为只要自己有能力就行了。虽然能力很重要，但方法也是很重要的。

综上所述，在做事前你一定要明白这个道理，老板总是会提拔那些他能经常看到、能够经常与他沟通的人，如果你总是对老板视而不见或是避而不见，那么你在老板心中的印象分肯定是要大打折扣的，在升迁的时候他也很难想到你。

不要以为当领导是件很容易的事

员工有员工的辛酸，其实上司也有上司的痛苦。我们会抱怨上司不近人情，我们会指责上司种种不是，我们甚至会在背后骂上司，这些痛苦和不解，上司必须默默承受。

领导也是血肉之躯的社会人，是有七情六欲、有感情的人，那他就一定有和他人一样的共通性。在平时的工作中，我们常常能听到人们这样谈起上司："我们的上司真抠门。""我们的上司什么也不会，只是在那里瞎指挥。""上司不过是在剥削我们。""没有我们,我们的上司喝西北风去。"

如果你问十几位在公司里工作的朋友:"你想当老板吗?"几乎每个人的回答都是:"有机会,我一定要当老板。"而且社会上也流行着这样一句话:"不想当老板的员工不是好员工。"不过,当问起他们当上司的原因时,他们的回答都是这样的:"当老板不用受人管。""当老板不用受人气。""当老板更赚钱。""当老板可以开好的车子,买好的房子。"

由此可看出,当老板有很多好处,可以多赚一些钱,开更好的车子,住更好的房子,假期时可以去全世界各个好玩的地方去旅游……可是你只知道当上司的好处,你可知道当上司还意味着什么吗?

如果你是上司,你将付出比员工多十倍,甚至几十倍的精力去工作。

如果你是上司,你要冒巨大的风险,你要时刻为公司的成败负责和担心。

如果你是上司,你不仅要为自己负责,还要为整个公司的每一个人员负责。

如果你是上司,你不仅要为整个公司考虑,还要学会照顾家庭。

如果你是上司,你就要为企业的未来负责。

如果你是上司,你就要顶住来自各方的压力,因为你没有退路。

……

你知道吗?当你下班后和朋友一起潇洒时,你的上司也许还在为公司的发展而发愁呢;当工作出错时,你觉得受了一肚子委屈,可所有的责任却要由上司来承担。是的,当上司风光、自由,可是,当上司有多少无奈和痛苦你可知道?就因为他们是上司,所以他们成了普通人眼中应该能够

第一章　在上班前需要顿悟的道理

享受生活的一群人。他们不必担心没有房子，不必烦恼周一到周五的迟到记录，他们可以完全按自己的想法去做事，他们奋斗的都是自己的事业，但为什么他们仍旧那么不快乐？为什么想要结束自己生命的企业家又是那么多？其实，上司也不容易。

平心而论，那些人人羡慕的上司，生活确实过得比普通员工要好一些，不过，上司却要承受很多普通员工想都想不到的压力。生意场，人人想赢怕输。很多上司经常这样形容自己的处境：经商、经商，经常受伤；老板、老板，老板着脸；经理、经理，经常被人修理。商场如战场，所以，上司表面看上去风光，其实内心却要承受你想象不到的痛苦。

在外人看来，企业家不管是董事长、总经理，都有总裁的名衔，响亮而威风，其实上司背后是日复一日的不眠之夜，年复一年的呕心沥血，精神之弦始终紧绷。他们为了企业、公司，几乎付出了全部。

他们用智力、体能、勤劳、坚韧铸就了成功，成就了企业的辉煌，为员工、为社会、为国家作出了巨大的贡献，但是有很多员工把上司当成榨取员工汗水的"资本家"，把他们当成当今的"黄世仁""周扒皮"。是的，在这个充满诱惑的社会里，也存在一些贪婪的上司，但毕竟是少数，我们不能只见树木不见森林。他们真的不容易，现在很多成功的民营企业家，他们说得最多的是，感觉自己的责任更大了。不当家不知道柴米油盐贵。

当你想到这些时，当你站在上司位置上时，当你感受到肩头负担的责任时，你才能真正体会到"上司"两个字的意义。我们都认为上司的钱来得容易，有"红眼病"的人就会因此而嫉妒上司，更多的人认为上司的财

大公司跟对人 小公司做对事

富是我们员工创造的，上司是在剥削我们。其实，每个阶层的人所赚的钱都是血汗钱，上司有他自己的压力与艰辛。

上司把钱看得重，除了因为钱难赚之外，更因为他要承担所有风险。作为员工，只要不被解雇，那他就薪酬照发，福利照领，公司的业务好坏、盈利多寡，都与他无关。上司却不一样，自己的成败都跟公司名望、前途有直接的关系。

上司不精明的话，就不会成为上司，每一个精打细算的上司不会让他所花的一分一厘白花。为此，很多员工就会产生错觉，认为上司刻薄难相处，如同严父一样。其实这是误解，严父是要负起全家安康的责任，自然是要非常精明。由于上述的这些原因，上司也是不得不这样做。

员工有员工的辛酸，上司有上司的痛苦。我们会抱怨上司不近人情，我们会指责上司的种种不是，我们甚至会在背后骂上司，这些痛苦和不解上司必须默默承受。尤其是中小企业，资金少、规模小、事难办，上司的种种不易实在鲜为常人所能理解。

华人首富李嘉诚在一次演讲时说道：不知从哪时开始，"士农工商"这样的社会等级概念，深深扎根在中国人的传统思想里。几千年来，从政治家到学者，在评价"商"的时候几乎都异口同声带着贬义。几千年的传统文化都对商人采取了否定的态度，当然这也有一定的原因，比如封建社会里不可避免的不平等现象，上司是剥削者的观念根深蒂固，导致中国文化中仇富心态严重，很多人认为上司钱来得太容易，甚至来得不干净。其实，上司哪里有那么潇洒。

俗话说："吃得苦中苦，方为人上人。"所以说，每个上司都是吃尽苦头才有一点成就的。

第一章 在上班前需要顿悟的道理

老板更喜欢什么样的员工

要获得老板或者上司的认可,就要做酸梅汤型的员工,经得住"熬",在日积月累中积攒经验和蓄积力量,成为公司的中坚力量。

老板更喜欢什么样的员工?想必这是很多职场朋友都在琢磨的问题。职场专家把职场人分为了四类:可乐汽水型、多彩饮料型、白开水型和酸梅汤型。在这样的划分之下,老板更喜欢酸梅汤型的员工。

内蒙古金河集团的董事长王晓东曾经有这样的经历:

19岁时,王晓东独自一人带着6个窝窝头,骑着一辆破自行车,从小山村到离家80公里外的城里去谋生。

他好不容易在建筑工地上找到了一份打杂的小工活。一天的工钱是1.7元,这对他来说只够吃饭,可王晓东还是想尽办法每天省下1元钱接济家人。

尽管生活非常艰难,但王晓东还是不断地鼓励自己会有出人头地的一天。为此他付出比别人更多的努力。两个月后,他被提升为材料员,每天的工资加了1元钱。

就靠这份努力,王晓东初步站稳了脚跟。这时王晓东想让自己在新单位更多地被大家认可,甚至成为单位不可缺少的人。

但是,怎样才能做到这一点呢?

冥思苦想之后,王晓东终于想到了一个小点子:工地的生活非常枯燥,是否能让大家的业余生活过得丰富一点呢?想到这里,他拿出自己省下来的一点钱,买了《三国演义》《水浒传》等名著,认真阅读后,讲给大家听。

这样一来，晚饭后的时间就成了大家最开心的时间。每天，工地上都洋溢着工友们欢快的笑声。

有一天，领导来工地检查工作，发现王晓东有非常好的口才，于是决定将他提升为公关业务员。

一个小点子付诸实践后就能有这样的效果，王晓东备受鼓舞。于是，他便将主动找方法，为工作找点子的特长，运用到工作的各个方面。

对工地上出现的所有问题，王晓东都抱着一种主人公的心态去处理。夜班工友有随地小便的习惯，怎么说都没有用，他想尽办法让大家文明如厕；一个工友性格暴躁，喝酒后要与承包方拼命，他想办法平息矛盾，做到使各方都满意……

别看这些都是小事，可领导都看在眼里。渐渐地，王晓东成了领导的左膀右臂。

由于王晓东心中有点子，经常主动找方法，终于等来了一个创业的良机。有一天，工地领导告诉他，公司本来承包了一个工程，但由于这样那样的原因，难度太大，决定放弃。

但是，王晓东觉得放弃实在可惜，于是力劝领导千万不要放弃。领导看他充满热情，就说了一句话："这个项目我没有把握做好。如果你看得准，可以由你带头来做，我可以为你提供帮助。"

王晓东几乎不敢相信自己的耳朵：这不是给自己提供了一个可以自行创业的绝好机会吗？他毫不犹豫地接下了这个项目，然后信心百倍地干了起来。

如今，王晓东不仅拥有当地最大的建筑队，还是内蒙古最大的草业经营者之一，每年有1万多户农民给他的企业提供玉米、草料等饲料。

拥有了巨额财富的王晓东，在贫困的故乡建起了一座全世界最大的金霉素生产厂，其生产量占全球的1/4，许多父老乡亲跟着他走上了脱贫致富的道路。

职场资深人士指出，职场中人大致可分为四类：

一类是可乐汽水型员工，绝大多数时候碌碌无为，但偶尔可以灵光一现，表现突出；

一类是勾兑的多彩饮料型员工，只是公司的花瓶，看似表面光鲜无比，实则草包；

一类是白开水型员工，不求上进，不思进取，整天得过且过，平平庸庸，在业绩上也毫无建树；

一类是酸梅汤型员工，经过长期业务磨砺，经验丰富，基础扎实，踏实进取。

要获得老板或者上司的认可，就要做酸梅汤型的员工，经得住"熬"，在日积月累中积攒经验和蓄积力量，成为公司的中坚力量。

可乐汽水型

可乐汽水型员工和可乐、汽水一样，在开启瓶盖的一刹那气场十足，二氧化碳制造的丰富泡沫给人一种繁华的感觉，但当泡沫散尽，剩下的仅仅是一杯干巴巴的糖水，令人索然无味。

可乐汽水型员工在刚进入一个公司或者在某个特殊时候，凭借一个新鲜的小诀窍或者运气，往往表现不俗。但由于缺乏踏实的积累、过硬的专业基础，可乐汽水型员工的发展往往后续乏力。如果可乐汽水型员工因为偶然的爆发而被委以重任，则很快会显示出疲态和乏力，成为老板和上司眼中的"干巴巴的糖水"，对其失去信心和信任。

一般来说，可乐汽水型员工都比较聪明，只是太浮躁，如果可乐汽水型员工能够潜心钻研、认真积累基础，并仔细分析、发挥自身的长处，很有可能成为公司的可造之材。

多彩饮料型

而勾兑的多彩饮料型员工，顾名思义，就是仅有光鲜的表象、没有出众的工作能力的员工，他们就好比用色素、香精勾兑的饮料，五颜六色，非常好看，但没有一点营养价值。

尽管欠缺工作能力，但多彩饮料型员工并非一无是处。多彩饮料型员工往往长相出众、养眼可人，也善于周旋于各种场合。因此，在很多情况下，多彩饮料型员工往往成为办公室的视觉亮点，或是成为同事之间摩擦的润滑剂。如果多彩饮料型员工能够不断充实自身的业务知识和能力，将有可能成为工作中的明星人物。

白开水型

与光鲜的多彩饮料型员工形成鲜明对比的是白开水型员工。白开水型员工就和白开水一样，毫无特长可言，只是埋头茫然做事，不主动思考，不求有功但求无过，只要有一份薪水拿就心满意足，工作表现像白开水一样毫无亮点，在同事眼中也像白开水一样没有吸引力。

很少有人愿意当白开水型员工。当工作的环境发生变化或者受到某些刺激之后，白开水型员工就会认识到自身的处境和需求，从而开始奋进，迸发出惊人的爆发力。

酸梅汤型

老板最需要、公司最离不开的是酸梅汤型的员工，而且是经过两次分钟熬制的九龙斋正宗酸梅汤。

酸梅汤型员工一定是"熬"出来的。所谓"熬",并不是"煎熬",也不是"媳妇熬成婆"的漫长度日,是艰辛的积累,是挑战性工作的锻炼,是丰富的业务经历历练,与《道德经》中的"大器晚成"有异曲同工之妙,就像清代黄元吉在《道德经注释》中阐述的那样:"凡物之易就者不美观,急成者非大器。我能循循上造,弗期近效,不计浅功,久于其道,自可大成,又何歉于己乎?"只有经过各种挑战"熬"出来的酸梅汤型员工,才有丰富的工作经验、扎实的专业基础、深厚的文化底蕴,才能成为公司的核心人物,在重大的项目中成为中流砥柱,独当一面。

酸梅汤型员工只懂得"熬"还不够,还得像九龙斋正宗酸梅汤一样懂得加入冰糖。九龙斋酸梅汤在熬制过程中加入冰糖,一方面让冰糖中和酸梅汤的酸度,使得口感更可口,另一方面也让冰糖引发出酸梅汤中乌梅、陈皮、山楂、桂花等原料的营养和味道。而酸梅汤型员工的"冰糖"就是和谐的人际关系,要懂得与同事和睦相处、沟通和交流,拉近彼此的关系,分享和学习好的经验。

不管可乐汽水型员工、多彩饮料型员工,还是白开水型员工、酸梅汤型员工,都不是绝对的,有可能发生转化。可乐汽水型员工、多彩饮料型员工、白开水型员工只要加强自身的积累,都可能成为酸梅汤型员工,而酸梅汤型员工如果在取得成绩之后就躺在功劳簿上睡大觉,而不跟随时代进步,也有可能成为白开水型员工。但不管如何,老板用人的标准不会变。职场新人准备好了吗?你打算当什么类型的员工?

对老板怀有一颗感恩的心

> 不要总是把感恩的话憋在心里，你不说，没有人会知道。把感恩的话说出来，还有一个最大的好处，就是可以增强公司的凝聚力。

海尔集团总裁张瑞敏曾经说过："人，如果要有一颗感恩的心，那他就不再平凡，因为他不但会珍惜别人的付出，更会不断地为别人付出。"

有些优秀的员工在事业上取得了成功，在谈及自己的成功原因时总是归结于自己个人的努力。虽然说一个人的成功跟个人的努力有很大的关系，但也缺少不了别人，尤其是你的老板或上司的帮助，他们让你从普通到优秀，所以，你最应该感谢的，其实是曾经帮助过你的老板。

如果你是一名员工，你的工作是老板提供的，你用的工作设备、文件、纸张等都是别人提供的。只要稍加留意，你就会发现，在你的工作中你会得到许多意料之外的支持，你难道不应该感谢别人的恩惠吗？即便他是你的老板。

诚然，雇佣和被雇佣是一种契约关系，但同时也是一种合作的关系：你为老板工作，得到薪水，而他靠你正常运转经营，大家各取所需，彼此互相依存。可以说，没有老板也就不会有你的工作机会，那么，为什么不告诉老板，你很感谢他给你机会，感谢他的提拔和栽培呢？这样的话，你的老板也会以具体的方式表达他的感激，也许是更多的薪水，或更多的信任和提升机会。

不要总是把感恩的话憋在心里，你不说，没有人会知道。把感恩的话说出来，还有一个最大的好处，就是可以增强公司的凝聚力。

第一章 在上班前需要顿悟的道理

感恩不是溜须拍马和阿谀奉承,感恩是真诚的,是发自内心的感激,是情感的自然流露,不带任何功利性,也不求任何回报。你完全没有必要惧怕他人的流言飞语,更无须刻意疏远老板。坦荡的感激,是清白最好的证明。当然,对老板感恩首先要做好自己的本职工作,同样也要在适当的时候对老板表达。你的老板有足够的聪明,会注意到你的感激是发自肺腑的。你的感激对他来说是一种认同和支持,同时也是一种激励。

现实生活中经常会有这样一些人:他们的内心里对老板充满感激,但是他们不敢把自己的感激之情表达出来。因为他们害怕别人说自己这是在拍老板的马屁,想讨老板的欢心,是有私人目的的。

其实,既然你对老板的感激是真心真意的,就不必担心别人的非议。公司之所以得到壮大发展,正是因为老板的苦心经营,而你之所以有今天的进步,也是因为老板对你的正确批评和指导。你又何必害怕别人无谓的指责和猜测呢?

告诉你的老板,"谢谢你的帮助","感谢你的支持",千万不要觉得难为情或是说不出口,这并不会显得做作,反而可以让人感觉亲切和温暖。工作努力认真是对公司、对老板感谢方式中的一种,行动是一方面,言语上的表达也是一方面。

感恩不会让你损失一分钱,但却是一项重大的投资,只要你虔诚地给予,这项投资就会给你带来意想不到的收获。因此,要感谢老板的批评,感谢他给你指出了不足和缺陷;更要感谢老板的表扬,因为他激励着我们更加努力。

工作肯定会遇到不如意的地方,老板也肯定不是十全十美的人,他肯定也会有考虑不到的地方,所以,即使在你工作认真并怀有感恩之心,却

大公司跟对人
小公司做对事

并没有得到相应回报的时候，你依然应该心怀感激之情，依然应该感激老板的帮助和提携，以及在工作当中积累的丰富经验，相信你在他这里所学的东西必定是不少的。

其实，对老板感恩，并不是说要你做老板的"顺臣"，不是要你对老板唯唯诺诺。这样做并不能真正对公司的事业有所帮助，也不是真正的感恩。事实上，老板并非完人，他所作出的每一个决定都可能存在着风险，也可能是错误的，作为下属的你如果意识到了这种情况，就要指出来，以免给公司造成损失，这既能表现你的智慧和能力，也是感恩的一种体现。有时候，你不愿去提醒你的老板哪儿做得不对，可能是迷信老板的能力，甚至是怕被老板的威严吓倒。但作为老板，他也期望自己的员工能像朋友一样在他犯错误时提醒他和给他忠告。即使他一时可能不愿接受员工的批评，但是事后一定会认同那些对自己负责的人。

如果你和任何老板相处时，你总是主动和他们靠得近一点，你会发现他们很高兴你这样做，他们也从心底感谢你。问一问自己，你是否做过以下的事情。

1. 有没有给你的老板写一张字条,感谢他给了你在这里愉快工作的机会？
2. 你是否曾经真心地对老板表示过你的感激？
3. 如果老板在决策上出现失误，你是否能够及时指出？

对于个人来说，感恩是富裕的人生，只知道受恩则表示你的贫乏。即使你的努力和感恩并没有得到相应的回报，也不必抱怨什么，因为你从事过的工作，已经给了你许多宝贵的经验与教训。

在得到晋升的时候，你要感谢老板的独具慧眼，感谢他的赏识；失败的时候，你不妨对自己多了一次锻炼的机会而心存感激。将感恩的心态带到工作中，你会因为自己是公司的一员而欣喜，还会因此而更加忠诚、勤奋地工作。

所以说，当你对老板怀有感恩之心时，你也是在尊重自己的选择。他是你的镜子，当你用感恩之心面对时，他们也会更为友好、愉快地与你相处。

中 篇

大公司有大公司的潜规则

第二章

宁可入错行,不可跟错人

选择上司,就是要给自己选择一个发挥和提高自身才能的机会,就是选择你人生的目标、你的向导,以及你的发展方向,就是选择你成就理想的环境、你的财富,以及你的生活,甚至是选择你的一生成功与否……

跟对人,成功更容易

如果你想像雄鹰一样翱翔天空,那你就要和苍鹰一起飞翔,而不要与燕为伍;如果你想像野狼一样驰骋大地,那就要和头狼一起奔跑,而不能

大公司跟对人
小公司做对事

与鹿羊同行；这也就是所谓的"画眉麻雀不同嗓，金鸡乌鸦不同窝。"好的上司能带着你飞得更高，跑得更快、更远。

有人说，人生三大"幸"：上学时遇到好老师，工作时遇到好师傅，成家时遇到好伴侣。在工作中，我们的上司，有时候是先入行或在行业内非常突出的前辈，他们都可以算是我们事业的"向导""师傅"，跟对了，想要获得成功就比较容易。

在大公司尤其如此。大公司内，人际关系往往复杂，个人独善其身，如果能跟着一个对的人前行，那么自己的职业生涯会更加辉煌。

在现实生活中，我们经常会遇到很多有才华的人，起初他们才华横溢、能力非凡，在学校时是众多同学仰慕的"明星"，步入社会后他们也往往因为其个人独特的魅力而吸引众多关注的目光；但另一方面，与此极不相称的是，他们中的多数人，最后并没有创下什么值得称道的建树，甚至有的还很平庸。

这些原本十分优秀的人为什么最终会一事无成呢？究其根源，那就是他们忽略了一个重要的客观因素——金子本身是不会发光的，只有被光照射后，金子才会焕发出夺目的光彩！这就像一个有才华的人，空有满腹才华，却没有一个懂得识别人才、运用人才的人扶持他、协助他，给他一个发展和表演的舞台，那么他最终也只能是碌碌无为、平淡一生。

还有一些人，虽然没有什么特质，看上去他们根本就不像是能做大事的人，可最后他们却取得了巨大的成功，主要就在于他们跟对了人。前者是因为没有跟对人，有才华也被埋没了；后者则是跟对了人，所以即使他们资质普通，却仍能出乎意料地取得惊人的成绩。

这个道理在很多方面都已经得到了验证，如果你仔细观察就会发现，

第二章　宁可入错行，不可跟错人

我们平时看的电影、电视剧也常会出现类似片段：跟着正派人物的主角，虽然受尽磨难，历经艰辛，但最终总能苦尽甘来，有所成就；而跟了邪恶势力的反角呢，虽说耀武扬威，风光一时，但最后多半毁在自己人手里，被自家人出卖，挡了枪口，背了黑锅。

有句话说得好："你是谁并不重要，重要的是你跟谁在一起。"在职场上，跟对人至关重要，这一点千万不能掉以轻心！

俗话说："和什么样的人在一起，就会有什么样的人生。"在大公司内，跟对了上司，你便会拥有更多的发展机会。如果你想像雄鹰一样翱翔天空，那你就要和苍鹰一起飞翔，而不要与燕为伍；如果你想像野狼一样驰骋大地，那就要和头狼一起奔跑，而不能与鹿羊同行。这也就是所谓的"画眉麻雀不同嗓，金鸡乌鸦不同窝"。好的上司能带着你飞得更高，跑得更快、更远。

比如《西游记》中的沙僧，他的智商和情商都极为普通，但是他跟对了唐僧和孙悟空，所以他最后依然获得了成功，如今又有谁会认为他不是一位得道的高僧呢？假如他没有跟着唐僧，没有去西天取经，他可能就在流沙河平平淡淡了此一生，成为一个平庸之辈。

要记住，你的成功跟你的上司是绑在一起的，可以说你们是"一条绳子上的蚂蚱"。你的上司能够升迁，你自然就会得到更多的升迁机会；只要你的上司前程似锦，那么你也将平步青云。

在一家大公司，跟对了人，那么你的上司就是你事业上的一盏明灯，可以照亮你的职业前景，你的一生也将因此改变。相反，如果你在职场上遇到了一个不好的上司，那就如同半路遇到一只拦路虎，会让你的职业生涯变得十分坎坷。因为这样的上司，在业绩好的时候，他会把所有的功劳都揽到自己的头上；但业绩差的时候，他却会把所有的责任都推给你。他不能教给你任何东西，自己也很难有提升的机会，但他不能提升的同时，也会令你的前途变得茫然一片。

所以，如果你运气好，遇到一位好的上司，那就不要管他当时处于什么样的环境和地位，你都要和他一同努力工作，因为这块金子不会在土里埋得很久，很快他就会发扬光大起来，你也会随着他的光亮而显得神采奕奕。

可以说，他们就是未来的巨人。只要你有机会与巨人站在一起，你就成功了一半。但这也需要你有独到的眼界和胸怀！因为能和巨人走到一起的人，其本身也不会是一般的人。

综上所述，找对人，跟对人，是一个人职场成功的捷径，它会让你的成功变得更加容易。和一个能干大事的人在一起，搭上顺风的船，自然就会向成功愈驶愈近。这叫借船出海，借力打力。

跟对人，能少绕许多弯路

在大公司内，员工众多，升迁之路十分漫长，因此人人都希望自己能有一个好上司，一个好的上司，不仅能够在工作中指导你、帮助你、督促你，为你的发展提供机会、环境和资讯；也能对你有思想观念的启迪和潜移默化的影响。

在大公司里，跟对了人，往往能让你更快地得到晋升机会，少走很多弯路，甚至是绕开那些致命的失败。

第二章　宁可入错行，不可跟错人

跟人是一门高超的艺术，是基于美好愿景的积极主动的人生选择。跟对了人也就意味着，你上马时有人扶，摔倒了有人搀，落水时有人向你抛救生圈。相反，没有跟对人，你的事业道路将会非常的艰辛曲折，不仅损失你的精力、时间和金钱，还会消磨你的信心和耐心，结果你一辈子的努力可能赶不上人家几年的进步。

香港某杂志曾经对香港的上班族做过一个调查，结果发现，有70%的受访者有被贵人提拔的经历，而受访者中，凡是做到中高级以上主管的，有90%受过他人的栽培，自己创业当老板的，竟然100%都受到过贵人的帮助和提拔。

从这个调查结果可以看出来，任何一个成功者身后都少不了有识之士的身影。这些成功者的聪明之处在于，他们紧跟着当初发现他们的人，在这些有识之士的提携和帮助下，使自己成为众人仰慕的成功者，取得骄人的成就，甚至超越了曾经提拔过他们的有识之士。因此，你一定要在职场中寻找到自己可"跟随"的人。

雅芳公司的CEO钟彬娴，是《时代》杂志评选出来的全球最有影响力的25位商界领袖中唯一的华人女性，在许多人心中，她就是一个奇迹的象征。

钟彬娴刚毕业时，一无背景，二无后台，她应聘到鲁明岱百货公司做她喜欢的营销工作，可是正因她工作上超乎寻常的投入，让她很快吸引了她职业生涯中的第一个可"跟随"的人——鲁明岱百货公司历史上的第一位女性副总裁法斯。在法斯的有意提拔下，钟彬娴很快就得到了升迁的机会，并且一发不可收拾，年仅27岁就进入了公司的最高管理层。后来她又和法斯一起跳槽到玛格林公司，不久就升到了副总裁的位置。

不过，对于钟彬娴来说，玛格林公司的发展空间仍然有限，于是她去了雅芳公司。在那里，她遇到了她的第二位可"跟随"的人——雅芳公司的 CEO 普雷斯。由于普雷斯的欣赏和举荐，加上她个人的努力，钟彬娴最终坐上了雅芳公司 CEO 的位置。

值得一提的是，1993 年钟彬娴与雅芳前 CEO 吉姆有一次会面，吉姆办公室的饰板上印有猿猴、赤足男人、男皮鞋和女高跟鞋 4 个足印。上面的题词是"领导权的演变"。当时美国的 500 强企业还没有一家是由女性领衔，因为那时在各个行业都有一块透明的、限制女性上升的天花板。而吉姆对钟彬娴非常赏识，他说："我完全相信，在未来的 10 年中一定会有一位女性来领导雅芳。"

当时的钟彬娴也没有想到，这个打破了透明天花板的女人，就是她自己。

一个没有任何背景的女性，在 40 岁就取得了这样的辉煌成就，的确堪称奇迹！她的成功不仅仅在于她个人的能力和努力，同时最关键的原因也是她跟对了人，碰到了改变她命运的两位贵人。如果钟彬娴没有碰到任何协助她的人，也许凭借她个人的努力和能力，也能获得成功，但是与此时的成功相比肯定是不可同日而语了！

这些出现在我们生命中的可以跟随的贵人，多是一些成功的人士，可能是某位身居高位的人，也可能是让你钦佩崇拜的人。在大公司内，员工众多，升迁之路十分漫长，因此人人都希望自己能有一个好上司。一个好的上司，不仅能够在工作中指导你、帮助你、督促你，为你的发展提供机会、环境和资讯，也能对你有思想观念的启迪和潜移默化的影响。这也会是你晋升的最快路线，可以说是一条捷径。

也就是说，一个好的上司对我们有三大好处：一是容易使我们脱颖而出，二是大大缩短我们成功的时间，三是我们能从他们身上学到很多

第三章　宁可入错行，不可跟错人

其他地方学不到的东西。

可能很多人对这种说法嗤之以鼻："我的上司根本就没兴趣培养我，对我爱理不理，还有就是他很烂很菜，从他那里根本学不到什么。"针对第一种情况来说，如果你的上司或老板对你根本就没兴趣，那么他就算不上是你"值得跟随的人"；而对第二种情况，一方面可能是你的上司或老板的确水平很差，但另一方面也可能是你的学习心态和为人处世的态度有问题。运气好的话，能遇到愿意花费大量时间去教导你的上司当然最好，但即使遇不到，也并不妨碍我们的学习。无论你的上司在你眼中有多差多没水准，你也要明白，他能坐到这个位置就一定有他的道理。从他们身上，我们依然可以学有所获。

总的来说，跟对了人，便能少绕许多弯路，让你的道路更加平坦！

天才也怕投错门

很多所谓的有才的人甚至是天才，他们之所以郁郁不得志，多数是因为跟错了上司或老板，才导致自己的落魄。

历史上的才子很多，但他们中却以大呼怀才不遇、遗憾终生的人居多！为什么他们才高八斗却不能日进斗金？要知道，各朝各代、各行各业，处处都需要有才华的人，到处都亟待有抱负的人，但仍然会出现"四海无闲田，农夫犹饿死"这样不可思议的事情。

有的人可能认为自己是"天才"，满腹才华、身怀绝技，在这个世界上，

大公司跟对人
小公司做对事

我不需要任何人、任何外力，就能成功。但事实却是，当你做出错误的选择时，其后果是毁灭性的。

为什么有人利用机会获得成功，有人却因为机会酿成人生悲剧？问题的关键在于天才也怕投错门。

很多所谓的有才的人甚至是天才，他们之所以郁郁不得志，多数是因为跟错了上司或老板，才导致自己的落魄。如果可以自由选择上司，历史上那些不被重用的潦倒才子和武将都能投到唐代太宗皇帝的麾下，也许他们早就"飞黄腾达""良田万顷"了。

具体到现实中，如果你去询问一下工作多年的职场人，他们一定会告诉你：去个什么样的公司或许并不重要，跟对上司或老板才是正事。

选择上司，其实也是选择一个发挥和提高自身才能的机会。一个好的上司，也许会给你带来更高效的工作方式、更畅通的沟通环境、更宽广的职业视野，甚至是更高的工作热情和更愉悦的心情。因此人们才说"天才也怕投错门"，跟对上司或老板最重要。

据调查，有67%的离职者是为了离开上司。其实好上司很容易识别，因为他们有共同的脸谱：好上司有强烈的事业心，视职业前途为生命。他想把事业做大做强，需要大量追随者，这也要求他必须心胸宽广，他知道应该如何对待得力的下属，他懂得对下属最有效的管理手段是信任和授予权限。此外，他还有领袖风范，坚韧果敢，懂得如何培养亲信、笼络人心。与这样的上司共舞，自己才可能有出头之日。

当然，最重要的是品行端正，不搞阴谋诡计。没有谁愿意跟随无德之人，为他尽心竭力，到头来却没有好结局，成天处于惶恐之中，这可不是理想的职场环境。同时，除了上述基本判断原则，我们与上司之间的"缘分"也是不可或缺的一条。每个领导都有自己的特点，如果你和上司能够

第三章　宁可入错行，不可跟错人

一拍即合，在思考方法、工作风格、处事方式、对下属的欣赏角度等方面，都能达成共识，那么你们就是有缘分的；但如果你和他相互看不顺眼，在上司的强大压力下你只能演变成另外一个人才能满足他的要求，那么赶紧离开吧，这位上司不适合你。

不少在职场打拼了几年的白领都有类似的抱怨，感慨自己没有遇到过好老板："现在才感觉到选对一个好上司是何等重要，跟着一个糊涂、爱推卸责任、爱欺负外地人、欺软怕硬、没有领导风度的上司做事，真是太难过了，这只会把人变得越来越圆滑。"

其实好上司很多，他是哪种类型的上司这不重要，哪种类型都有好上司，关键要看他是否适合你。有的上司对大家很严厉独对你温和，对大家很苛刻独对你宽容，对大家很不满独对你欣赏，也许这种上司正适合你，很可能你们在一起共事能够成就理想。

一般来说，上司分为做事、做市和做势三种类型。

1. 做事型上司

他们是行业的精英人物，对生产技术精益求精，对企业管理要求稳步低调。

这种上司作风踏实，保持低调，许多理工科出身的老板都是这样。他们要求自己与别人并无分别，做好手头的工作。在他们手下做事，切忌喧哗，切忌浮躁，把上司交给你的每一项工作做好，万不可华而不实地空喊口号。

适合员工类型：

作风踏实的员工，适合跟随做事型上司，假以时日，有望晋升到高管的职位。思维敏捷的员工追随做事型上司，可以独当一面，获得主管的职位。善于谋略的员工在他们面前却无用武之地。

2. 做市型上司

他们做的是项目，喜欢挑战自己的思维极限，喜欢冒险进入陌生的领域并获得成功的荣耀。

做市型上司讲究管理，喜欢冒险尝试新的理论和新的知识，也喜欢拿自己的公司或部门来做试验。他们胜而不骄，败而不馁，始终保持着旺盛的斗志。做市型上司喜欢集思广益，凡是由他们把持的公司或部门，从早到晚不停地开会。又因为他们的思维跳跃幅度极大，一件事尚无头绪，另一个项目就已经进入了实施阶段。只有踏踏实实的业绩，才是他们最喜欢的。

适合员工类型：

在做市型上司手下，最容易获得晋升机会的是思维敏捷的员工。但作风踏实的员工仍然有独当一面的机会，获得主管职位。善于谋略的员工会成为他们的合作伙伴，而非部属。

3. 做势型上司

做势型上司做的是资源，他们最重视无形资产的增值与服务，而他的思维不会被现实的环境所左右，能够洞察宏观经济环境下的市场态势与走向。

这一类上司大多是纵览全局的人物，眼光放得远，不争一城一池之得失，一个项目的进展不是他们所关心的，重要的是这个项目的价值。也正因如此，小公司的做势型上司一旦成功，那就是商业时代的英雄人物；一旦失败，就只能夹着皮包走路。

做势型上司喜欢豪华的办公环境，工作间宽敞气派。做市型上司总是马不停蹄地奔走于客户之间，不停地推销自己的思想观念。做事型上司却一步也不肯离开自己的领地，他的办公室甚至没有为客户预

第三章　宁可入错行，不可跟错人

留座位。

适合员工类型：

善于谋略的员工在做势型上司手下可以获得前所未有的发展空间，每一个战略都能够让你获得足够的成就感。在这类上司手下工作，思维敏捷的员工最不稳定，作风踏实的员工很难拥有晋升的机会，但也无失业之忧。

如果将可跟随的老板或上司分类的话，所有的老板或上司分为如下四大类。

1. 具备远见卓识，将事业发展壮大，同时具有卓越的领导能力，能够发现、培养和发展下属，将团队凝聚成一股绳。这类上司比较少有，可遇而不可求，一旦遇到，不要错过。

2. 有理想，有想法，身先士卒，渴望成功，但管理能力、品性修养一般。这也是不错的上司，可以长期跟随。

3. 平庸、自私，一切从自身利益出发，大家表面过得去，让别人说不出好话也说不出坏话来。这类人很常见，和他须公事公办。这时候，职场仅是你的工作场所而已，很难依靠他的提携发展自己的事业。

4. 思维方式、心态、品性有缺陷，心理阴暗，总要挑起事端，使下属相互猜忌打斗，自己渔翁得利。因为人性弱点使然，个性中拥有这种特质的上司不是个别人。和这样的上司共事，如果其他方面对你没有特别的吸引力，这里只能成为你的一个驿站而已。

另外还要记住，有几种不可错过的上司，他们的标志是：他很信任和欣赏你；他需要你的付出，也能够给你所需所求；你自觉地把他的荣辱和烦恼共担，共享愉快。

所以，一定要仔细识别你的上司、看清你的上司，如果遇到一个好的上司，一定要抓紧他，这对你是有很多好处的：在他的身边，你可以近距离真切地学到成功者多方面的真经，快速提升自己；同时，你还能比较轻易地接触到和进入他的人脉圈里，使你在短时间内能够借助外力站上较高的平台；好上司的光辉能够折射到你，为你增加无形价值。

总的来说，有才华的人比比皆是，即使是天才也怕投错门，所以，一定要学会识别上司，选择适合自己的上司，跟着他，追随他，和他一起成功。

不找任何借口

借口掩饰了我们的弱点，让我们变得推卸责任，把宝贵的时间和精力放在了如何寻找一个合适的借口上。更为可怕的是，借口常常还是一张敷衍别人、原谅自己的"挡箭牌"，让人变得消极颓废，不思进取。

现实生活中，我们常听到各种借口和抱怨，从古至今，从小到大，我们的学习、工作、生活都被各种各样的"借口"包围着。其实，一个人只要找借口，就会有找不完的借口，结果就是让自己在不断的抱怨和痛苦中停步不前！一件事情如果还没有开始做自然不会有结果，做了没有做好再说理由。做事不要找任何借口，任何借口都是失败的一种倾向，失败了就继续努力，不要让借口阻碍了你职业前进的步伐。

如果让找借口成为习惯，成为你推诿与迟延的理由，总是去思量自己的得失，挑剔着别人的差错，为确保自己的利益不受损害，找出种种借口欺骗公司，欺骗别人，最后也欺骗自己。

第三章　宁可入错行，不可跟错人

借口就是一张敷衍别人、原谅自己的挡箭牌，当你没有完成一项工作时，会有很多的借口在那儿响应你、声援你、支持你，你会很容易学会抱怨、推诿、迁怒，甚至愤世嫉俗。在我们的工作生活中，许多人都把宝贵的时间和精力放在了如何找一个合适的借口上，而忘记了自己的职责和责任。

虽然说，找个借口来安慰自己，能让自己轻松一些，舒服一些，但也容易因此而懒于行动，最终导致凡事都做不好，做不成功。

在工作中，我们也常常找这样的借口，"太忙了""太难了""差不多""可以了""不着急""没办法""又不关我事"等，结果在做事的时候不是敷衍了事，就是为自己完不成工作开脱。结果是，使工作变得拖拖拉拉，没有效率，做起事来也往往不诚实，其职业前途也是可以想见的。

郑阳是公司里的一位老员工了，以前专门负责跑业务，深得上司的器重。只是有一次，他手里的一笔业务让别人捷足先登抢走了，造成了一定的损失。事后，他很合情合理地解释了失去这笔业务的原因。那是因为他的脚伤发作，比竞争对手迟到了半个钟头。以后，每当公司要他出去联系有点棘手的业务时，他总是以他的脚不行，不能胜任这项工作作为借口而推诿。

郑阳的一只脚有点轻微的跛，那是一次出差途中出了车祸引起的，留下了一点后遗症，根本不影响他的形象，也不影响他的工作。如果不仔细看，是看不出来的。

第一次，上司比较理解他，原谅了他。郑阳很是得意，他知道这是一宗费力不讨好比较难办的业务，他庆幸自己的明智，如果没办好，那多丢面子啊。

大公司跟对人 小公司做对事

但如果有比较好揽的业务时，他又跑到上司面前，说脚不行，要求在业务方面有所照顾。如此种种，他大部分的时间和精力都花在如何寻找更合理的借口上了。碰到难办的业务能推就推，好办的差事能争就争。时间一长，他的业务成绩直线下滑，没有完成任务他就怪他的脚不争气。总之，他现在已习惯因脚的问题在公司里可以迟到，可以早退，甚至工作餐时，他还可以喝酒，因为喝点可以让他的脚舒服些。

许多找借口的人，在享受了借口带来的短暂快乐后，起初有点自责。可是，重复的次数一多，也就变得无所谓了，原本有点良知的心变得越来越麻木不仁。现在的老板都是很精明的，有谁愿意要这样一个时时刻刻找借口的员工呢？郑阳被炒也是情理之事。

西点军校被誉为"美国陆军将帅的摇篮""将星升起的地方"，是世界上最成功和最著名的军校之一。建校200年来，为美国培养了许多著名的军事人才，其中有3700多人成为将军，4人成为五星上将。第二次世界大战以后，在世界500强企业里面，毕业于西点军校的董事长有1000多名，副董事长有2000多名，总经理、董事一级的有5000多名，任何一所商学院都没有培养出这么多优秀的经营管理者。

而西点军校一直奉行着一条最重要的行为准则，那就是"没有任何借口"。正是秉承这一理念，无数西点军校的毕业生在人生的各个领域都取得了非凡的成就。

"没有任何借口"，体现的是一种完美的执行能力，一种服从诚实的态度，一种负责敬业的精神。但在现实生活中，我们经常听到各种各样的借口，上班迟到是因为"路上堵车"，工作没做好是因为"我没有接触过类似的工作"，任务完不成是因为"我最近手上工作太多"，在办公室打瞌睡是因为"昨晚加班了"，合同没搞定是因为"那个客户太挑剔了"，等等。在我们的身边，似乎借口无处不在，我们成天在借口中打发着日子，而忘记了自己的职责和责任。

其实，在每一个借口的背后，都隐藏着丰富的潜台词。诚然，借口让我们暂时逃避了困难和责任，获得了心理上的慰藉。但是寻找借口的代价也是无比高昂的，它给我们带来的危害一点也不比其他任何恶习少。

借口掩饰了我们的弱点，让我们变得推卸责任，把宝贵的时间和精力放在了如何寻找一个合适的借口上。更为可怕的是，借口常常还是一张敷衍别人、原谅自己的挡箭牌，让人变得消极颓废，不思进取。

其实，在工作中，不管是失败也好，做错了事也罢，再好的借口也对事情的改变没有什么实际的作用。与其在借口中宽慰自己，还不如仔细琢磨一下怎么解决目前的问题，或是看看有没有什么改善的方法。反过来说，面对失败，如果将下一步的工作做好了，说不定能转败为胜，让失败真的可能成为成功之母。

现代企业想要发展壮大，所需要的人才是"不找借口"的人，是无条件、无借口，再艰难也要把工作胜利完成的人，而不是那些夸夸其谈，动辄抱怨、推诿、不思自省而又自命不凡的人。"不找任何借口"，看似不近人情，但它却可以激发一个人最大的潜力。在人生中，不要把太多的时间花费在寻找借口上。

那些成功的人之所以成功，是因为他们从来不会在工作中寻找任何的借口，他们总是想办法去解决问题。成功不会属于那些只说不做的人，不敢面对失败，老是为失败寻找借口，是不可能获得成功的。

大公司跟对人
小公司做对事

面对失败时的两种选择，决定了你往后的成功与否：一个是为了下一次的成功去总结失败的教训，找出成功的方法；一个是为自己的失败找寻一大堆的借口与理由，来解释自己的失败。好像失败总是别人的过错，或是不关自己的事，这种怨天尤人、推卸责任的态度是在逃避现实。

如果你抛弃找借口的习惯，你就会在工作中学会大量解决问题的技巧，这样借口就会离你越来越远，而成功就会离你越来越近。

出现问题不是积极、主动地想办法加以解决，而是千方百计地找借口，那你的工作就会拖沓，没有效率，借口变成了一张挡箭牌。事情一旦办砸了，就去找一大堆看似合理的借口，以博得他人的谅解和同情。也许借口能把你的过失掩盖掉，让自己得到心理上的安慰和平衡，但是长此以往，就会让你总是依赖借口，不再努力，不再去想方设法争取成功。这样，最终你会沦为最末流的员工，甚至被淘汰。

与此相反，只要你下决心找方法，往往能找到方法。其结果就是在不断求付出和找方法的过程中，使自己的境遇得到了极大的改善！

有位年轻学员的经历，印证了一个职场的基本规律：

如果找借口，就会寸步难行；

如果找方法，就能前途无量！

也许你还记得"没有任何借口"的来源吧。

尤利西斯·辛普森·格兰特，是美国南北战争后期联邦军总司令。在南北战争前期，美国总统林肯曾经找过多名指挥官担任联邦军队的总指挥，但都以战败告终。直到他任命格兰特为统帅，联邦军队才捷报频传，取得了最后的胜利。

第三章 宁可入错行，不可跟错人

在谈到取得胜利的原因时，格兰特只说了一句话：

"没有任何借口！"

他还曾对人们在工作中找借口的现象做了分析，发现人们找借口主要有两种情况：

第一种情况是工作还没有开始，就找借口为自己开脱，其实是根本"不想去做"；

第二种情况是开始也努力，但是一遇到困难和问题就退缩和放弃，之后找个借口让自己对这份退缩和放弃心安理得。

要通过工作造就好人生，实现职业化的根本准则，就是"没有任何借口"！

选对上司者得"舞台"

如果你已经具备了一个"好上司"这样的"舞台"，你可以试着给自己定下一个期限和目标，然后与上司好好地交流一下，在这个"舞台"上好好地展示自己！

并不是每个人都适合自己创业，也不是每个人都能够创业成功，更多的人都是在为别人工作，担任别人的属下。而"挑选优秀上司，做优秀员工"这是作为一名职业人最基本的道德素养，即所谓选对上司者得"舞台"。

大公司跟对人 小公司做对事

在如今竞争激烈的职场，尤其是人员复杂的大公司，困扰着员工的不仅仅是怎样做出良好的业绩，怎样选择最适合自己的优秀上司也是一大难题。

在职场闯荡，犹如武侠小说中的"行走江湖"。有人闯荡得风风火火，或小有成就，或大红大紫；也有人空怀满腔激情，却郁郁不得志。这样明显的差别从何而来？不是因为学历、背景，甚至不是因为才能，而是因为他没有选对上司，没有跟对人。

在大公司脱颖而出的佼佼者，他们成功的关键在于：选对了上司，做对了事。选对了上司，便可以在上司的支持下一展自己的谋略，实实在在地大展身手；做对了事，就能用优秀的业绩赢得上司的信任和同事的尊敬，并收获可喜的成果。

那么，怎样选对上司？

首先，要选择具有战略眼光的上司。

一般来说，值得追随的上司必定不是只顾眼前利益之辈，他们具有超然的战略眼光，站得高望得远，能够率领团队向美好的远景进发。跟着鼠目寸光的上司是不会有前途的，虽然这样的上司现在可以为你提供不错的条件，但却难以在竞争的大潮中取得成绩，也会影响到你的职业前途。

其次，要选择心胸开阔的上司。

只有能包容的上司才会让自己的公司、员工五彩缤纷、异彩纷呈，才能容纳下各种各样的人才。

最后，要选择如日中天的上升型上司。

在上升型上司的阳光照耀下，你的职场道路会一片光明；相反，如果上司的事业江河日下，正在走下坡路，那么你的前途也是难以保证的。这两者间的区别是很大的：前者处在发展的上坡路上，自己本身就有很多机会，他也可以给你提供 N 多的机会；而后者能提供给你的机会往往是零，甚至是负数。

具体来说，下面有几个标准，教你如何区分和选择上司。

1. 选择大力水手，抛弃斗败公鸡

在爬山的时候，人们都能体会到，上山的时候充满热情和信心，就像吃了菠菜的大力水手似的，觉得自己一定能征服那座山，所以，虽然爬山的时候很辛苦，但内心依然是兴奋的。而下山的时候，人又累又困顿，就像斗败的公鸡一样，无奈地往下走。给你上山和下山感觉的上司，毫无疑问，你会选择前一种。

2. 选择阳光灿烂，抛弃消沉低迷

处在上升期的上司如日中天，他受自己的老板器重，工作顺利，发展迅速，心情自然大好，这样就会感染身边的人，每个人的大部分时间都是在工作单位度过的，如果上司能一直保持这种愉快的心境，那么你工作的时候也会非常愉快。而江河日下的上司则相反，他的心情难以好起来，这样就容易迁怒于他人，很可能动不动就借员工来散发自己心中的怨气，这样的工作状态，谁会想要？

3. 选择发展空间，抛弃裁削员工

如日中天的上司会表现得很有开拓性，他会带领他的员工一起开拓这些发展空间，一起去开拓市场、尝试新的工作，这样员工就需要做一些本来没有想到的事情，无形当中就为自己争取了更大的发展空间。而江河日下的上司则往往有意无意地削减自己的发展空间，总的发展空间减少了，那么分派给每个员工的自然也就会减少。

4. 选择善于发现，抛弃无心顾及

如日中天的上司希望得到更多的发展机会，所以他需要找到能帮助自己的人，因此他就会多方观察员工的能力，希望能找到这样的人。而江河日下的老板有他自己头痛的事情，员工的能力问题就不是他所关心的了。

5. 选择证明人，抛弃反证明

跟着一个如日中天的上司是很有成就感的，而且强将手下无弱兵，你的能力也更容易得到别人的肯定。但一个江河日下的上司，你在他手下工作不但不能为你的能力加分，相反，很有可能，你的能力会受到质疑。在别人看来，现在江河日下的情景，很可能是你们共同创下的结果。

6. 选择让你"薪"情好，抛弃钱包"空"

这是最实在的区别了，效益好的公司或部门，发钱也是比较爽快的，让你的"薪"情高涨。但如果老板或上司走下坡路，肯定公司或部门效益也慢慢不行了，那个时候，你能拿全工资就不错了。

选择一个好的上司也是需要慧眼的，而好上司其实也是很多的，只要你睁开眼多瞅瞅，就不难找到一位适合你事业成长的好上司。但是，你事业上的成就，除了有一个好上司给你方向、为你领路之外，还取决于你是不是一位能创造优良业绩的好员工。"选对上司者得'舞台'"这句具有一定的说服力。

如果你已经具备了一个"好上司"这样的"舞台"，你可以试着给自己定下一个期限和目标，然后与上司好好地交流一下，在这个"舞台"上

第三章 宁可入错行，不可跟错人

好好地展示自己！即便不成功，在失败之后离去，也会让你与这位"好上司"留下深厚的情意。

有句俗话说："女怕嫁错郎，男怕选错行。"但现如今，选对了行业的人们，如果错选了行业的上司，也注定了自己的前途无"亮"。因为上司是员工的"舞台"，选对上司者得"舞台"。

甘为老板当马前卒

当你默默地多做一些，多承担些责任，多为公司和老板分担些忧愁时，老板在有好事时也自然会想到你。而那些多一事不如少一事的人，老板是永远不会将他们纳入提升名单的，他们也永远成不了公司的核心员工。

在任何一家公司，那些老板眼中不可替代的人必定是可以为他们分忧解难的人，所以会做事的员工通常都是甘为老板当马前卒的人。

工作中，任何一个员工所承担和负责的工作，其实都是为了实现老板的绩效和职责。你要明白一个道理，我们首先是为老板工作，所以，工作中为老板排忧解难，充当马前卒，都是一个下属应该做的。

当然，为老板分劳，或是分忧，其结果是完全不一样的。虽然我们每天所关注的、操办的最多的都是为上司分劳的事。例如：

每天忙手头的工作；

很快完成老板交代的工作，并提交成果；

尽心尽力地辅导自己的下属，希望他们能够独当一面；

把自己分内的工作兢兢业业地做完、做好；

……

这些分内的、老板分配的工作，只能算是为老板分劳的事，而做好这些，让自己的老板放心、安心、称心和开心，其实还只是下属职责范围内的事情。老板需要的，其实是不单能为自己分劳，而更能为自己分忧的下属。

某公司的总裁才华横溢，精明干练，而且对流行趋势的反应极其敏锐，但他的管理风格却十分独裁，对下属总是颐指气使，从不给他们独当一面的机会，下属对此都颇有怨言，连主管也是如此。

大多数员工一有机会便聚集在走廊上大发牢骚。一位主管说："那天我把所有事情都安排好了，他却突然跑来指示一番。一句话就把我这几个月来的努力全部抹掉了，我真不知道该如何再做下去。他还有多久才退休？"

然而，有一位主管老江却不愿意就此放弃，于是他更努力地设法弥补这些缺失。当上司颐指气使的时候，他就加以缓冲，减轻属下的压力，又设法配合上司的长处，把努力的重点放在能够着力的范围内。

每次接受上司的差遣时，他总尽量多做一步，设身处地体会上司的需要与心意。如果是上司让他提供资料，他就会附上一份资料分析，并根据分析结果提出建议。

有一次，总裁外出。结果就在那天半夜里，保安给几位主管都发来紧急通知，公司之前开除的三个违纪员工纠集外面一帮混混打进厂里来了，

第三章 宁可入错行，不可跟错人

并且已打伤了数个保安和员工，砸烂了写字楼玻璃门。其他几位主管因为对总裁心怀不满又不愿惹祸上身，就干脆装作不知道。而老江接到通知后，便立刻赶赴现场，他先是打电话报警，接着又请求治安员火速增援。为控制局面，他用喇叭喊话，同对方谈判，和他们周旋，直到警察赶来将这帮肇事者带走。

这件事情过后，老江赢得了所有员工的敬佩与认可，总裁也对他极为器重，公司里任何重大决策必经他的参与及认可。

虽然老江经常为上司做一些看起来似乎是很平凡的事，但他所做的一切其实都看在上司的眼里，后来公司发生危机时的挺身而出，更让他进入了上司的视野。当你默默地多做一些，多承担些责任，多为公司和老板分担些忧愁时，老板在有好事时也自然会想到你。而那些多一事不如少一事的人，老板是永远不会将他们纳入提升名单的，他们也永远成不了公司的核心员工。

在老板的视野里，下属分为三类。

1. 能分忧的人

老板们都有自己忧虑的事情，其中有很多是不好说出口的，而这些老板所忧虑的事情，其实是下属们完全可以分担的。能想老板所想，忧老板所忧的人，能积极主动地为老板着想，他们做的工作大都是自己认为"应当做的"，他们通常都会主动出击，不会等待老板的吩咐或指示。

2. 能分劳的人

这类人是老板叫做什么就做什么，且能做得很好。在我们日常的工作中，多数都是琐碎的、例行性的工作，而这些工作主要耗用的是体力和时间，不怎么需要花费智慧，这些事情多是员工"必须做"的分内工作，是员工履行工作职责和完成老板指派的事。

3.既不能分忧也不能分劳，且经常添乱的人

这种人不仅不能做好为老板分忧和分劳的工作，而且还经常为老板惹麻烦，添乱子，是注定要被淘汰的。

事实上，我们每天都在做为老板分劳的工作，但要真正能被公司认可，让老板另眼相看，委以重任，则需要成为能为老板分忧的人。为老板分忧的人，能够发现和注意到别人视线所不及的问题，并能够主动提出解决方案；能够提前预知到各种可能的问题和风险，并进而完成提醒和应对的策略；能够打破潜规则，就那些司空见惯的问题提供更好的管理方案。

职场中，为老板分劳的人比比皆是，他们或者能够按部就班地完成自己的工作，或者能够保质保量地完成自己的工作任务，或者能够给其他同事提供完整的服务等。他们承担着大量的日常工作，但最终所获得的也只是稳定的工作、良好的口碑或者较低的管理职位，而难以有提升的机会。

而能够为老板分忧则不同，他们的外在表现是积极主动的行为，真正把公司的事、老板的事放在心上，并想方设法为公司、老板解决问题。虽然分忧和分劳看似差别不大，但却是完全不同的两种态度。当然，分劳是分忧的基础，分忧的人当然必须首先能够分劳，而分劳的人则不见得能分忧。

在职场，做对事，实际上就是做那些为老板分忧的事。分忧需要我们站在更高的工作高度，想老板所想，急老板所急，忧老板所忧，

积极主动地发现问题并寻找解决对策,能不再依赖老板的指派而进行工作。

总之,如果希望获得老板的重视及重用,成为老板心目中不可替代的员工,就必须成为老板的马前卒,使自己成为能为老板分忧的人。

[第三章]
好上司是一所好学校

好上司就像一所好的学校,他能成为下属的良师益友,为他遮风避雨,助他完成自己的人生目标。好上司也像一个好的园丁,每天都要浇水、施肥,必要时还要除去杂草,让下属可以感觉到春暖花开的温暖。

选择好公司,还是好上司,这是个问题

能够进入好的公司遇到好的上司,那是一个人在职业生涯中的幸运。但这个世界没有任何绝对不变的事情,也许我们在一家好的公司却没有遇到好的上司,又或许我们有一个好上司但公司发展却受阻,这些都会让我

大公司跟对人

小公司做对事

们面临选择。

我们在毕业后找工作或是换东家时，常常会问："应该选一个好上司还是选择一个好公司呢？"这个问题，就像高三毕业填写高考志愿一样，是必定会遇到的问题：是选个好专业，还是挑个好学校。

如果能选择一个好公司，同时又有个好上司共事，这自然是最理想的状态。可现实生活却往往不像我们想象中的那样美好，要不是进了一家好公司，却发现上司的风格不是自己喜欢的，最后令工作不畅快，要不就是遇到了一个好的上司，但公司整体大环境却又不好，导致工作起来前途难料。这时候，我们就需要做出选择，而选择就要有选择和判断的依据了。

选择"好公司"

一般来说，一家好的公司，意味着公司拥有自己的品牌，在业内有知名度、美誉度，以及自己的企业文化等，企业具有良好的竞争力和口碑。这类公司，一般历史都相对比较长，它的各种人才任用机制和体系相对比较完善。如它的人才培养和内部晋升机制比较完善，公司内部或集团内部轮岗的机会相对比较多。这就意味着你和顶头上司的级别并不一定是一成不变的。也许，你会因表现出色，展示出了你的工作业绩和潜力，公司会提拔你或给你其他新部门新岗位的机会。同时也有可能，你的上司他也会发生同样的变化。也就是说，在这种公司，你未来的工作会充满机会。

即使你暂时没有碰到一个理想的顶头上司，或者你和你的上司并不合拍，但不要灰心，或是轻易跳槽，要用前瞻性的眼光看待和分析问题。

第三章　好上司是一所好学校

而且，好公司对管理层的监督和权力制衡机制相对比较好。也就是说，一个管理者"一手遮天"的可能性不大。所以，不管你的上司是好是坏，只要你的工作态度积极，认真负责，按时完成任务，那么，无论他喜不喜欢你，他也不会刻意为难你。再说，如果你的上司因业务能力问题无法给你更多和有效的支持，而你也总能漂亮地完成工作，这对你来说不是有了一个更好的施展和发挥的机会吗？要知道，任何一个上司，他是要靠下属和底下的团队去达成目标的。记住了这点，我们在职场上对于上下级关系的处理会坦然很多。很多公司除了完善的人才晋升制度外，还有一套自己的考核体系，所以，不要担心你所做的事情因某一个人而抹杀。当然，如果你和上司完全属于这种水火不相容的，那就另想他法了。

退一万步说，如果因为你上司的原因，使得你在内部无法寸进，获得更进一步发展的机会，那你也要把这段在好公司工作的经历当成你以后换工作的一个亮点和卖点。

最后，如果你想自己创业，或是为以后的晋升打基础，那么学习优秀的经营、管理经验和专业技能，为你以后的发展进行铺垫，那么，选择一个好公司至关重要。

选择"好上司"

而一个好的上司，可以成为你的师长，为你的职业生涯指引方向，让你的工作少走很多弯路，干起来得心应手。

如果可供你选择的公司，是小规模公司，特别是中小型的民营私营企业，那么选一个"好上司"可能就更重要,特别当你的顶头上司就是老板时。这些企业，多数还处于成长初期和发展期，因而你的发展机会也会特别多。

对大多数人来说，上司的信任度和支持力度能够直接决定你能干出多少成绩。因为一个好上司会包容你工作中的一些小失误，让你有机会从错误中学习，也会指正你的方向，给你提供让你自由发挥的舞台。

不过你要记住一点，与民营老板打交道，很多时候老板的意志在公司的决策和经营管理中是起决定作用的。他认可了你，就代表了公司也认可了你。他说你做得好，就是好。

所以说，如果你希望有广阔的舞台，希望做出优异的成绩证明自己，希望有充足的资源支持，那么，你就要选择一个好的上司。

能够进入好的公司遇到好的上司，那是一个人在职业生涯中的幸运。但这个世界没有任何绝对不变的事情，也许我们在一家好的公司却没有遇到好的上司，又或许我们有一个好上司但公司发展却受阻，这些都会让我们面临选择。

总的来说，选择好公司还是好上司，这是个问题。不过，职场中的每一次选择，我们首先要知道自己要什么，然后是拿捏有度，做出正确的选择。

一个好上司会让你受用无穷

人无权选择自己的父母，但是却有权选择自己的上司。无论你是想要成为一位伟大的音乐家，还是一位成功的演员，都要遵循同样的原则。如果你发现自己的上司无法教你，就应该毅然决然地离开。

第三章 好上司是一所好学校

我们在学校的时候，老师教我们知识，教我们做人，但到了社会上，教我们做事甚至做人的上司，其实也是我们的导师。他能成为我们的上司，一定是有他优秀的一面，拥有我们所不具备的特质。因此，我们应该以欣赏和赞美的眼光去看待他，理解他，并好好向他学习。一个好上司会让我们受用无穷。

我们向上司或老板学习，不是因为他的职位比我们高，而是因为他比我们更优秀，至少在当前情况下是这样的。所以我们应该学习他的成功之道，并吸取他的教训，以便我们在成功的路上少走弯路。当我们与成功人士在一起时，我们也就有了成功的机会和环境，就像提高技艺必须有一个好师傅一样。

我们向上司学习，当然，很多时候是从模仿中学习的，这要比以其他方式学到的知识要多得多。大部分人会注意倾听、观察，然后模仿他人的言行举止。可以说，你说话、走路的样子，你的姿态、动作、表情可以说大部分是"抄袭"了你最亲近的人。

有一天，两个很聪明的年轻人到学校拜访他们的导师，两人在读书时都十分优秀，兴趣和爱好也差不多，对于他们来说，可供选择的工作机会有许多。当时，正好他们导师的一位朋友创办了一家小型公司，也正委托他们的导师物色一个适当的人做助理，于是导师建议两个学生去试试看。

他们俩分别去应聘，第一位前去拜访的学生李林，面谈完后打电话给导师，用一种厌恶的口气说："你的朋友太苛刻了，他居然只肯开1200元工资，我拒绝了他。现在，我已经在另一家公司上班了，1500元。"

后来去的学生名叫秦海，尽管对方开出的工资也是1200元，尽管他同样可以有更多的选择，但是他却欣然接受了这份工作。当他打电话

大公司跟对人
小公司做对事

将这个决定告诉导师时,导师问他:"这么低的工资,你不觉得太吃亏了吗?"

他回答说:"我当然想赚更多的钱,但是我对你朋友的印象十分深刻,我想他会是一个好上司好老板,我觉得只要能从他那里多学到一些本领,工资低一些也是值得的。从长远的眼光来看,我在那里工作将会更有前途。"

4年以后,第一位学生李林在另一家公司的工资从1500元涨到了2000元,而最初薪水只有1200元的秦海,他的固定工资是6000元,外加红利。

其实,这两个人在能力等各方面上的差异真的不大,但为什么会有这么大的差别呢?这是因为李林被最初的赚钱机会蒙蔽了,而秦海却能基于能学到东西的观点来考虑自己的工作选择。

大多数人在选择工作时是非常盲目的,他们一般都会问"月薪多少""工作时间长吗""有哪些福利""有多少假期",以及"什么时候调薪"等问题。但是有90%以上的人都会忽略一项重要的因素,那就是"我要选什么样的上司或老板成为我工作的导师"。

人无权选择自己的父母,但是却有权选择自己的上司。无论你是想要成为一位伟大的音乐家,还是一个成功的演员,都要遵循同样的原则。如果你发现自己的上司无法教你,就应该毅然决然地离开。

一个人如果长久地生活在低俗的圈子里,那么他在道德、品位上也会变得低俗,不可避免地走下坡路,所以我们应该努力地去接触那些道德高尚和学识不凡的人。与什么样的人交往,对个人的成长影响颇大。

在现实生活中,每个人都会有自己崇拜的对象。我们常常愿意崇

第三章　好上司是一所好学校

拜和学习那些离我们非常遥远的伟人，却往往不愿重视近在咫尺的智者，在工作中，这一点尤其明显。也许是出于嫉妒，也许是由于利益的冲突，我们总是下意识地忽视那些每天都在督促我们工作的老板和上司——那些最值得我们学习的人。如果仔细想一想，他们能成为管理我们的人的原因何在，他们的优点在哪里，仔细观察，必定能从他们身上看到我们所不具备的优势。所以，真正的聪明人会时刻研究他们的一言一行，了解作为一名管理者所应该具备的知识和经验。只有这样，我们才能让自己的能力得到提升，才有可能在自己独立创业时做得更好。

其实，生活在传统社会中的人们早就发现了这一点，所以当时的弟子都是长时间地跟随着师父，学徒耐心地向工匠学习，学生借着协助教授做研究而得到提高，刚刚入门的艺人花费时间和卓有成就的艺术家相处，借着这种协助与模仿，从而观察他们的做事方式，并复制粘贴到自己身上。遗憾的是，大工业化生产破坏了这种学徒关系，也破坏了老板与员工之间的这种学习关系，最后致使员工与老板之间逐渐变成了矛盾对立的利益体，水火不容。同时，由于一些错误的观点，许多人甚至因此丧失了学习能力。

如果你注意留心老板的一言一行，一举一动，观察他们处理问题的方法，你就会发现，他们的思维方式和处事方式都与普通人有一定的不同。如果你能做得和他们一样好，甚至做得更好，你就有机会获得晋升。不惜代价为杰出的成功人士工作，寻找种种借口和他们共处，目的就是为了能多向他们学习。

当然，并不是所有优秀的人都是有钱人，有些人是那些在人格、品行、学问、道德都要胜你一筹的人。与他们的交往，你能吸收到各种对自己生命有益的养分,可以使你对事业付出更大的努力。

人的脑海与脑海之间,心灵与心灵之间,有着一种巨大的感应力量,这种感应力量的刺激力、破坏力和建设力都是无比巨大。如果你经常与那些在品行、能力方面都不如你的人混在一起,错过了那些能够给我们以教益的人交往的机会,实在是一种莫大的不幸,这也会降低你的志愿和理想。

综上所述,只有通过与优秀的人交往,才有可能擦去生命中粗糙的部分,才可以磨成器。老板是我们每天都面对的比自己优秀的人,千万不要错过向老板学习的机会。

选上司就像选对象

一个好的上司,可以发现下属的亮点,让你充分施展自己的才华;他也可以包容你的年轻,帮你纠正错误,将你引领到正确的方向。

人的一生中,大部分的有效时间是在职场度过的,所以想要有一个比较好的职场处境,最为关键的就是跟对人,即选对领导,选对上司。一个好的上司,可以发现下属的亮点,让你充分施展自己的才华;他也可以包容你的年轻,帮你纠正错误,将你引领到正确的方向。他不仅能教你做事,也能教你做人,可以成为你事业上的良师益友,为你指点迷津。所以说,选上司就像选对象,一定要慎重。

好的上司,不仅能给你很多的指导和鼓励,也能随着他的升迁而让

第三章 好上司是一所好学校

你获得更多的升迁机会。如阎爱杰当年跳槽郎酒,很多在玛氏的旧部都跟了过去,随着他在白酒行业的崛起,很多旧部也因此获得了更多的机会。

小曾毕业两年就做到某外企分公司经理,除了自身的实力,他也比较幸运,一路上都有良师型的上司指引推荐。他刚毕业参加工作时,在一家企业做技术员,公司实行学徒制,他的师傅是个高级工程师,工作负责任,也没什么架子,小曾把他伺候得很舒服。师父愿意教,徒弟愿意学,师徒两人在工作中配合得非常默契。小曾进步非常快,师父也从不吝啬在领导面前夸奖,很快小曾在公司的年轻人里算得上是佼佼者。这给两人都带来了好处:师傅因为徒弟出色,给领导留下了自身工作、领导能力、培养人才能力都出色的好印象;而小曾则给领导留下领悟能力强、学习能力强、人品好的印象。

然而不好的上司却是一条拦路狗,业绩好的时候,他会把所有的功劳都算在自己的头上,业绩差的时候,他会把所有的责任都推给手下。他不会主动教你任何东西,自己也得不到提拔,他得不到提拔的同时,意味着你在这个公司里的前途也是渺茫的。如果遇到这样的上司怎么办?跳槽当然是比较直接的解决办法。但只要这个位置对人有一定的锻炼价值,即便主管比较难处,人际关系比较复杂,也并非不可以考虑忍一忍。

有一位企业家刚毕业时,到了一家环境很复杂的单位,遇到了一位很难相处的上司,常常吃苦头。因为那位上司的缘故,他多次想到要换工作。有一次和朋友聚餐时他说出了自己的苦恼,朋友建议说:"如果你觉得他真的是很难相处的上司,只要你能够好好侍候他,将来你就再也不怕碰到比他更难相处的上司了。"在转换了看问题的角度后,他留了下来，开始积极地处理人际关系，人变得豁达了，与上司的关系也渐渐变好了，一年后便得到了提升。后来他深有感触地说："不容易沟通的上司和不好相处的同事，到处都可能碰得到，如果你为了这个原因离开这家公司，难保你在其他公司就不会碰到相同的问题。不如先在这家公司学会怎么解决问题，将来换到别的公司，就不会再度为此原因不能安心工作了。"

当然，有可能你的运气非常不好，上司无法沟通。你也不必为此大为烦恼，无论你的直接上司是什么类型，你都可以学到东西。虽然"跟对人"很重要，但如果没跟对人，也要在他身上挤出东西来学。

你要站在巨人的肩膀上

好上司无疑是一位良师益友，他可以缩短你的成长过程，让你在潜移默化中学习到很多其他人艰苦摸索出来的东西。

如果你能争取在一个成功的上司手下工作，那你就站在了巨人的肩膀上。你能在最精明、最出色、最有能耐的人手下工作，那你能成功的概率高达80%，另外20%是你的运气和努力。翻翻成功人士的传记，你会惊奇地发现，绝大多数人是站在别人的肩膀上最后爬上成功阶梯的。而怎样的上司才堪称是"巨人"呢？

一个好上司，能给手下的人增添信心。

2010年9月，小蒙接到一家外地公司的面试通知。当时正值炎

第三章　好上司是一所好学校

热的夏季，小蒙坐了一个小时的车，到了那家公司，面试品牌助理的职位。

面试人是安东。他个子不高，平头，戴着黑框眼镜，与当时小蒙心目中的广告人形象不谋而合。面试过程中安东问小蒙为什么要来应聘这个职位，小蒙告诉他自己对营销不懂，只是有单纯的兴趣。安东点点头，说："嗯，这个没有关系。我慢慢来带你。"

小蒙最终到了那家外地公司上班，这很大程度上是因为安东的温和给了当时的小蒙很大信心。事实证明，小蒙的选择是对的。

用巨人来比喻一位好上司最恰如其分，好上司无疑是一位良师益友，他可以缩短你的成长过程，让你在潜移默化中学习到很多其他人艰苦摸索出来的东西。

"一位好上司，是能让你学到东西的人"

安东是品牌经理，是小蒙的直接上司。当时公司的市场部刚成立不久，市场部长在小蒙去后不久就离职了，整个市场部就只有安东、小蒙和另外一个女孩子珍尼。

公司安排给小蒙的工作并不多，有时间的时候，安东就会给小蒙讲一些他做品牌营销的经验。安东很有耐心，小蒙有不懂的问题去问他，他都会不厌其烦地解释给小蒙听。

有一句话安东常常会说："一位好上司，是能让你学到东西的人。"

那时候公司订了许多广告类的杂志，每次一来，安东都让小蒙先看。借给小蒙科特勒的《市场营销管理》，小蒙看得很入迷，上班时间他也捧着看，安东看到了也只是微微一笑，不管小蒙。

鼓励手下看书学习并加以指导的上司，绝对是一位学者型的并不断完善自我管理风格的领导者。你所需要做的就是具备一颗好奇和上进的心，

大公司跟对人 小公司做对事

像一块没湿水的海绵一样，等待新知识和经验来充实你。

"一位好上司，可以给手下树立积极正面的榜样"

安东的人缘很好，其他部门的人有事找他帮忙，他总是说："尽力而为，很乐意为你效劳。"

后来公司又新来了很多部门经理，每个人都是从别的大公司挖过来，每个人都有自己的一套。小蒙那时候还很天真，看不懂他们之间的斗争，但也知道他们私下里为了所谓的"品牌发展战略"争吵得很厉害。安东在他们当中好像显得很没立场，他告诉小蒙和珍尼不要理会这些，只管做好自己的事情。

那段时间，小蒙像一棵小草，贪婪地吸收着外界带来的新鲜养料。然而，公司的所有部门经理中，除了安东，没有人愿意给小蒙正确的指导。在他们的眼中，像小蒙这样的员工到处都是。

上司的所作所为、处世待人方式一般都看在员工的眼中，无形中成为他们效仿的对象，所以，千万不要低估了一位好上司的影响力量。对一个团队来说，这是检验团队是否具有战斗力、是否团结的重要尺度。

"一位好上司，是懂得承上启下的人"

部门里的另外一个同事珍尼，比小蒙大两岁，安东常常对小蒙说，珍妮身上有很多优点，如亲切、大方、积极、善良等等，他很欣赏珍妮，叫小蒙要多向珍妮学习。

安东很少命令大家工作，有事情他会说："请帮我做一下好吗？"珍尼帮他倒杯咖啡，他会很诚恳地说"谢谢"。他交代大家要做的事情，总是事先对大家讲用怎样的方式做效果会比较好，如果大家有什么问题，他都随时准备听大家说，然后再给大家出主意。在安东的领导下，大家总是心甘情愿地完成任务，就是加班到很晚，也没有怨言。

第三章　好上司是一所好学校

安东说:"我是你们的上司,在我的上边还有老板,我的作用就是承上启下。"

好上司和一般上司的区别就在于,他善于发现手下的长处和优点,然后给你很好的启发和教导,让你自觉地工作。还有一个重要特征就是,好上司不会用所谓的公司制度来卡压你,而是会巧妙地运用个人的人格魅力驱动你,让你心甘情愿地工作。

"一位好上司,是善于调整自己情绪的人"

后来,公司内部变动很大,那段时间,每个人的情绪都很坏。安东的心情也明显低落了许多,尽管他还是不动声色地安排着一切日常事物,但大家都看得出来,他的压力很大。过了没多久,他和老板一起去外地出差,回来忽然轻松了很多,又开始和别人开玩笑,谈笑风生了。

那个周末大家照例坐车回广州,安东说了一件出差路上对他影响很大的事。

"从杭州回来的路上,老板交代我只能买硬座票,将近一夜的路程,上车后我想自己去换卧铺。这个时候,坐我旁边的一群女孩子的聊天吸引了我,我决定暂时不换了,听听她们说什么。原来她们的一个姐妹在广东打工让老板扣留了,她们要去救她出来。虽然她们很穷,可是很快乐,唧唧喳喳,我一讲话就逗得她们哈哈大笑。我对她们说我很久没这么开心过了,她们又是一阵大笑,从包里拿出她们的特产给我吃,跟我说话会脸红。我忽然就想通了,没有比快乐更重要的事了。"

上司也是普通人,也面临着各种各样的问题,尤其在公司经营出现问题的时候。上司的个人情绪当然会影响到他的团队成员的情绪。好的上司善于在不利的局面中把握积极乐观的一面,从而起到中流砥柱的作用。

跟随上司一起成长

向上司学习，不是因为他是上司，而是因为他优秀。如果遇到了一位值得向其学习的上司，无疑是你职场生涯中的一件幸事。

上司都没有"好名声"。两三个员工聚在一起，肯定能听到"老板"这个词，然后就是一些描述上司的词：愚蠢、闷蛋、没能力、无知。电视或电影中的上司也比这好不了多少。他们要不就糊里糊涂，要不就是自私自利的坏蛋。

通过与优秀的人交往，会帮你去掉生命中粗糙的部分，渐渐使你琢磨成器。向一个能够激发自己生命潜能的人学习，其价值远胜于一次发财获利的机会。在工作中，如果上司是一个优秀的人，那么千万不要错过机会，多多地向他学习吧。

向上司学习，不是因为他是上司，而是因为他优秀。如果遇到了一位值得向其学习的上司，无疑是你职场生涯中的一件幸事。

你是公司的重要一员，公司的成长需要你的推动，你的努力和进步将为实现公司的发展蓝图添上一笔绚丽的色彩。除了你自己，没有任何人和任何事会阻止你为公司的发展付出努力，也没有任何人和任何事会阻碍你获得成长。只要你致力于公司的成长，那么你的进步就一定会为公司的成长增添一份力量，而且你一定会获得进步。但是有一点你必须清醒地认识到，那就是公司的成长仅靠你个人的努力是远远不够的，你必须与上司、同事携手并进，大家一起迎接一个又一个的挑战，才能获得一次又一次的进步。

第三章　好上司是一所好学校

坏上司确实有，我们也都知道，你都不用想就可以很容易地列出坏上司所具有的所有特征。但是，什么样的上司才是好上司呢？当然不是那种给我们七位数工资的上司，这种上司只有在我们的白日梦中才存在。为得到答案，我们访问了一些员工，问他们遇到的最好的上司是什么样的，以及他们希望自己为之工作的人应具有什么特征。

通过与优秀的人交往，会帮你去掉生命中粗糙的部分，渐渐使你琢磨成器。向一个能够激发自己生命潜能的人学习，其价值远胜于一次发财获利的机会。在工作中，如果上司是一个优秀的人，那么千万不要错过机会，多多向他学习吧。

向上司学习，不是因为他是上司，而是因为他优秀。如果遇到了一位值得向其学习的上司，无疑是你职场生涯中的一件幸事。

下面故事中的几位主人公都有过遇到优秀上司的经历。

小纪以前有一个好上司，在小纪初涉职场的时候，上司曾告诉小纪工作的技巧，也传授小纪做人的道理，对此小纪十分感激。后来小纪升职了，担任了公司中更重要的职务。冷静下来仔细思考，小纪总结出了这样一个道理：有的时候，善于模仿身边优秀的人，会让自己更快地进步。

生活中，人们或多或少都会下意识地倾听、观察，然后模仿其他人的言行举止，比如你说话、走路的样子，你的姿态、动作、表情可以说大部分是"抄袭"与你最亲近的人；同样，你的思维方式、处世哲学也多是从那些对你有影响的人，如父母、老师、上司那里学来的。小纪向上司学习，不是因为他是上司，而是因为他优秀，小纪为自己能遇到这样一位值得自己学习的上司而庆幸。

接下来，我们再看看小张和小唐的故事吧。

小张和小唐是多年的好朋友，毕业后一起去同一家公司应聘，公司

大公司跟对人
小公司做对事

给了他们同样的薪水待遇。对此，小张的看法是："这家公司也太小气了吧，居然只肯给月薪1000元，于是小张拒绝了这家公司，转而去了另一家月薪3000元的公司。"而小唐尽管面对的也是1000元的月薪，尽管他同样也有去薪水更高的公司的机会，但是他却欣然接受了这份工作。当小唐将这个决定告诉小张时，小张不解地问他："如此低的薪水，你不觉得吃亏吗？"

小唐笑笑说："我当然也想挣更多的钱，但通过面试我对那家公司的上司印象十分深刻，觉得跟着那位上司一定会学到许多本领，薪水低一些也是值得的。"从长远看，小唐在今后的工作生涯中会更有发展前途。

几年过去了，改去另一家公司的小张一个月的薪水仍然停留在3000元，而肯向优秀上司学习的小唐，工作不断进步，职位上升得也很快，每个月的薪水从最初的1000元跃升至6000元。

这两个人的差异到底在哪里呢？小张只注重公司的薪水高低，而忽视了那里的学习机会；可小唐却能把能否学到东西作为标准，来为自己选择工作。

往往很多人在选择工作时都会走入同样的误区，把眼光全部盯在了"月薪多少""工作时间长短""有哪些福利""有多长假期"，以及"什么时候调薪"等表面问题上，而无视"能否学习到本领""能否让自己进步"等这些对自己职业生涯有着长远意义的事情。

与什么样的人交往，会影响到一个人的成长，所以，我们应该努力地去接触那些道德高尚和学识渊博的人。每个人都会有自己崇拜的对象，但我们往往更多地崇拜和学习那些离自己遥远的伟人，却忽略了近在咫尺的智者。也许是出于嫉妒，也许是由于利益的冲突，有的人忽视了那些每天都在督促自己工作的上司，而没有把他们当做值得学习的人。试想，既然

第三章　好上司是一所好学校

他能成为管理自己的上司，那么他想必有着自己所不具备的优势。所以，聪明的下属应该时刻研究优秀上司的一言一行，学习他作为一名管理者所具备的知识和经验。只有这样，你才可能有所进步，获得提升，才有可能在自己独立创业时做得更好。

　　为杰出的上司工作，寻找种种机会和他们共处，目的就是为了能多向他们学习。注意留心上司的一言一行、一举一动，观察他们处理事情的方法，你就会发现他们与普通人的不同之处。如果你能做得和他们一样好，甚至做得更好，那么你也将有机会成为和他们一样出色的人。

[第四章]
自己走百步,不如伯乐扶你走一步

成功不在于你知道什么或你做什么,而在于你认识谁。自己走百步,不如伯乐扶你走一步。如今已不是单枪匹马的时代了,我们必须要在合作中求发展,求生存。因此,要多交一些"高含金量"的朋友,也就是对你事业有帮助的人。

伯乐是你通往成功的隐形翅膀

任何一个人想要拥有成功,就需要建立人脉,发掘贵人,其实还有另外一层意义,即发掘自己的伯乐。不仅是管理者如此,在大公司,普通员

大公司跟对人
小公司做对事

工想要得到晋升,在公司内有所发展,也需要慧眼识伯乐,找到那些比自己优秀、能够帮助自己的人。

所谓伯乐,就是可以在你职业生涯的关键时刻发挥作用并能够适时给你帮助或指引的人,拥有伯乐的人不需要被动等待,可以主动去寻找、创造、经营,借助他们的经验与力量,让自己更上一层楼。伯乐是你通往成功的隐形翅膀,能够帮助你成功。

以通用电气(GE)前总裁杰克·韦尔奇为例,韦尔奇可以说拥有辉煌的成功,他被称为"20世纪最佳经理人"。在他领导通用电气的20年中,不但让通用电气的股价翻涨了30倍,更让它成为全球最受尊崇的企业。

在我们眼里,精明干练、自信过人的韦尔奇是无比成功的,但他本人却认为他辉煌的成就,有很大一部分要归功于在工作生涯中遇到的伯乐。在他的自传杰克·韦尔奇自传中,他这么形容帮助他的伯乐:"贵人似乎总会在我的身旁出现,扶持我,鼓励我。"

说到事业中出现的几位伯乐,韦尔奇强调:"我无论到哪里,似乎总能找到良师益友,若非这些人鼎力相助,或许杰克·韦尔奇这个家伙会一辈子默默无闻。"

刚进通用电气工作时,韦尔奇也曾经因为通用电气的小气作风与加薪问题而递过辞呈。但当时韦尔奇的上司鲁本·贾多福非常看重他,并邀请他共进晚餐,对他加以挽留。席间,贾多福答应给韦尔奇加薪,更重要的是,贾多福愿意支持他不受官僚体制的影响,他的心意让韦尔奇大受感动,因此决定继续留在通用电气,这才有韦尔奇后来的成就,不然一切休提。

第四章　自己走百步，不如伯乐扶你走一步

韦尔奇的另一个伯乐，则是他在产品事业群工作时的主管查理·李德。

1963年，韦尔奇在进行化学实验时，因为一时不慎，差点炸掉整栋工厂大楼。但是当韦尔奇给李德报告时，身为上司且本身是化工专家的李德并没有一味指责、痛骂韦尔奇，反而以理性的态度帮助他分析、解决问题，甚至为他打气，也因为李德的支持，韦尔奇在通用电气的前途并没有受到任何影响，同时也让韦尔奇在李德的身上学到了领导者应有的风范，这为他以后的领导打下了基础。

还有一位对韦尔奇非常重要的伯乐，就是通用电气前副董事长赫姆·魏斯。

魏斯与韦尔奇相交莫逆，几乎无话不谈，他也一直协助性格直率、容易得罪人的韦尔奇与通用电气的高层沟通，成为他们之间的桥梁。甚至魏斯在去世前，还不忘向当时的董事长瑞吉纳·琼斯推荐韦尔奇，说韦尔奇是"通用电气里头真正有前途的人"，一定要重用他。

韦尔奇的故事正好说明了在我们的职业生涯中，伯乐的重要性。韦尔奇是位如此优秀聪明的领导者都需要伯乐相助，更何况其他人？可以说，伯乐是任何一个人的事业成功与否的重要因素之一，伯乐可以缩短你通往成功的道路。

在我们的理解中，可能觉得伯乐就是那些有权有势的人，他们往往是可遇不可求的，但事实并非如此，这并非伯乐的真正面貌。对职场人士来说，伯乐其实就是我们在工作中遇到的"良师益友"，换句话说，就是那些可以在你职业生涯中适时给你帮助或指引的人。

任何一个人想要拥有成功，就需要建立人脉、发掘自己的伯乐。赛～妮可×乔妮在《第三意见》一书里指出，现代的企业主管要能懂得找寻适当

大公司跟对人
小公司做对事

的专家、顾问或导师，和他们建立情谊，并善用这些人的智慧和协助，这些关系"无疑是威力强大的领导资源"。不仅是管理者如此，在大公司，普通员工想要得到晋升、在公司内有所发展，也需要慧眼识伯乐，找到那些比自己优秀、能够帮助自己的人。

伯乐并不会站在那里等你的光临，被动等待当然不是好办法，你可以主动去寻找，去创造，去经营。

你可以试着拟一份"盟友名单"，将你工作中需要重视的人进行分类，并设法和他们建立5种属性的关系："喜欢对方""互相尊重""分享经验""有福同享""互相信赖"。当这些关系一旦建立了，他们就成为了你的潜在伯乐，会适时地提供你所需的帮助，与你一起谋求共同利益。那些懂得用正确方式去拓展人际关系的人，绝对可以找到自己的伯乐。

可以说，一个人在职场中是否能有伯乐相助，其实最大的决定因素就是自己的努力。

要获得伯乐的相助和忠告，光靠乱拉关系、逢迎拍马自然是没用的，必须要我们用心去培养、经营。美国卡内基梅隆大学曾经对被列入《美国名人录》的成功人士做过一项问卷调查，请他们归纳成功的因素是什么，结果有高达85%的受访者将"良好的人际关系"列为第一位。如果你可以为自己建立一个个人品牌，展现良好的工作精神和专业形象，并且以大方无私、正面乐观的态度去建立、维系自己的职场人际关系，必然能够提升自己的"伯乐缘"，伯乐自然就会出现在你身边。

综上所述，当今社会，已经不是独来独往、单打独斗就能获得成功了，这只会让你自己举步维艰；而能够在职业生涯中获得他人的协助，才是你成功的关键。在这些可以帮助你的人中，伯乐的经验、力量，

第四章 自己走百步，不如伯乐扶你走一步

绝对可以开阔你的视野，让你拥有更大的成就。伯乐是你通往成功的隐形翅膀。

遇到伯乐，要让他看到你

每一位职场人都希望得到伯乐的赏识，但是伯乐并非见谁帮谁，关键仍然要看你的工作能力、道德品质是否过硬，是不是一只值得长期持有的"潜力股"。

无论是在外企、国企还是在私企，拥有能够赏识你的伯乐，被老板或上司重视总是一件让身边的同事和朋友都羡慕的事儿，可是争着想得宠的人那么多，你如何才能让你的伯乐看到你呢？

"世有伯乐，然后有千里马，千里马常有而伯乐不常有。"每一位职场人都希望得到伯乐的赏识，但是伯乐并非见谁帮谁，关键仍然要看你的工作能力、道德品质是否过硬，是不是一只值得长期持有的"潜力股"。所以，职场人要想成功地找到自己的职场伯乐，应该在日常工作和生活之中做个有心人，增强主动性，万万不可戴着"有色眼镜"识人，错失良机；在与职场前辈的相处中，更要懂得注重自身形象和人格的塑造，以此获得更多机会。

真正的人才应该转变角色，向企业靠拢，了解企业对人才的知识要求、技能要求、经验要求以及性格要求，从"伯乐相马"转变为"主

动赛马"。

其实，假如你是一匹真正的良驹，想要在职场中脱颖而出博得伯乐的赏识，还是有规律可寻的，以下就是几点可行性的建议。

从自身出发

这里主要侧重的是衣着妆扮和言行举止。每个公司都有它自己的规章制度和企业文化，作为公司的一分子，你当然要认真遵守，努力协调。例如最简单的衣饰，如果你所在的公司各方面的制度比较严格，工作氛围比较严肃，你的领导也是一个十分严谨保守的人，你却把自己妆扮成新新人类的样子，说话大大咧咧的，结果可想而知。反之，如果你穿着非常得体，对人彬彬有礼，做事认真仔细，那你的上司和同事对你的好感度肯定就要高些。

当然这是一般情况，我们还需要具体情况具体分析。如果你所在的公司是以年轻人为主，大家也都时尚、新潮、安闲、活跃，那你也完全没必要把自己打扮得中规中矩，完全可以大胆地穿衣打扮。

精心预备每一次表现的机会

以开会为例，开会是每个公司都要例行的一个工作内容，也是你表现自己的最佳舞台。无论是日常的办公会、市场观摩会还是年终的表彰会等，只要你有机会发言，就一定要好好的预备、积极的表现，哪怕这需要你很长时间的细心准备。因为在会上你所面对的不只是同事还有你的上司，因此，发言的好坏会直接影响着大家对你的评价。

如果你的发言自信沉稳、思路清楚、内容新奇、布局合理，那你不仅能赢得同事的褒奖，也能获得老板的好评，而他们之中说不定就有你的伯乐！要记住，有备才能无患，不要打无预备的仗！尤其在职场上，急功近利可

第四章 自己走百步，不如伯乐扶你走一步

是大忌！

多多参与到能轻易出成绩的工作中去。

无论在何种单位何种岗位，你的工作业绩始终是说明你实力的最好证实。当然不同的工种工作业绩的区分标准不一样。以最常见的销售为例，这个行业的竞争压力是非常激烈的，在激烈的竞争中，你如何才能在芸芸众生中脱颖而出呢？这就需要你选择一个轻易就能出业绩的市场，这可以让你在很短的时间里就成为公司里一颗耀眼的明星。

轻易出业绩的市场一般可概括为：一是尚未开发的新市场，包括公司还没有开发的和不预备开发的市场；二是明显具有发展潜力，已有人开拓但失败了的市场。不可否认，这两类市场都有一定的风险，但是风险越大，回报也就越大。我们常说："功力要使在刀刃上。"这个时候，假如你能够表现出色，别人拿不下来的工作你能把它最终搞定，你还担心不会有伯乐看重你吗？

有些职场人往往专注于提升业务水平，而忽略了人际间的沟通交流，相反，有些职场人则只钟情于人际间的拉帮结派，而对工作敷衍了事，这些情况都不应该。想要找到"伯乐"，自己必须先做"千里马"。

那么自己怎样才能成为受伯乐青睐的千里马呢？

建立自己的人际关系网络。强大的人际关系网络不但可以在生活和工作中助自己一臂之力，还能让上司给你的影响力加分。

今日的职场，与从前相比已大相径庭。当今职场，并非独行侠的个人秀，其更加强调密切的团队配合。职场新人除了做好本职工作，还应该掌握人际关系的处理方法，通过自身的努力主动发现身边有可能成为你的伯乐的人，向他证明你的工作能力。

此外，想成为千里马，还有以下几点可以借鉴。

大公司跟对人

小公司做对事

提早完成上司交给你的工作，永远要比他期望的早。

积极进取，希望得到更多的工作与授权。这是上司考虑提拔你的重要指标，让老板感受到你能做的比他们期望的多。

积极主动参加公司活动。活动可以加深大家的了解，建立良好的工作关系。在轻松的环境下，你的表现更能加深上司对你的印象。

精益求精，提高业务水平。企业不比事业单位，一切都靠业绩说话，因此在工作之余充电是很必要的，学习一些与工作及工作外沿相关的课程和技能，以提高工作能力和水平很有必要。

敢于创新，接受新的挑战。有创新才有发展，不要吝啬你的新想法，同时勇于接受新任务、新挑战，让上司看到培养你的价值。

谦虚好学，向表现优异的同事看齐。表现好的同事，总有一套好的做事方法和处世之道，仔细观察他们在办公室的表现，让他们好的工作态度和品质成为你的榜样。

善于表现，让上司看到你的努力。定期将自己的工作进度及所完成的任务上报公司，让上司看到并肯定你存在的价值及贡献。

把握方向，规划好自己的职业生涯。科学合理地规划自己的事业目标，只有设定好了方向，才能让你有持续不断的动力，让你在工作中充满激情，这也是上司想要看到的。

借机会把你的领导力表现出来。当有新员工进来时，可自告奋勇地"带"他，以此来表现你的热忱及领导能力。

想要让自己吸引伯乐、让伯乐看到你的方法有很多，以上简单地介绍了几种最最常见也比较轻易施行的方法。最后，还得提醒你：想要吸引伯乐注意力的出发点是好的，可是你得表现得当，首先让自己成为千里马，要不然真的会弄巧成拙、得不偿失了。

第四章 自己走百步,不如伯乐扶你走一步

伯乐相千里马:最看中忠诚的员工

不管你的能力如何,只要你真正表现出对公司足够的忠诚,你就能赢得上司的信赖。

当今社会,竞争十分激烈,好像人们谋求个人利益、实现自我价值是天经地义的事。但遗憾的是,许多年轻人以玩世不恭的态度对待工作,他们频繁跳槽,蔑视甚至嘲讽忠诚,将其视为上司盘剥、愚弄下属的手段。但很多人都没有意识到,个性解放、自我实现与忠诚和敬业并不对立,而是相辅相成、缺一不可的。

忠诚是职场中最应值得重视的美德,只有所有的员工对企业忠诚,才能发挥出团队的力量,才能凝成一股绳,劲往一处使,推动企业走向成功。一个公司的生存要依靠少数员工的能力和智慧,却需要绝大多数员工的忠诚和勤奋。

现代管理学普遍认为,老板和员工是一对矛盾的统一体,从表面上看,彼此之间存在着对立性——老板希望减少人员开支,而员工希望获得更多的报酬。但是,在更高的层面上,公司需要忠诚和有能力的员工,业务才能进行,员工必须依赖公司的业务平台才能获得物质报酬和满足精神需求,两者又是和谐统一的。因此,对于上司而言,公司的生存和发展需要员工的敬业和忠诚;对于员工来说,丰厚的物质报酬和精神上的成就感离不开公司的存在。

上司在用人时不仅仅看重个人能力,更看重个人品质,其中,最关键的个人品质就是忠诚度。在这个世界上,并不缺乏有能力的人,那种既有

能力又忠诚的人，才是每一个企业企求的理想人才。人们宁愿信任一个能力差一些却足够忠诚敬业的人，而不愿重用一个有能力，但是朝三暮四、视忠诚为无物的人。如果你是上司，你肯定也是同样的选择。

同样，在当今职场，越来越多的人，因为抵制不了薪资的诱惑而不断跳槽；因为一时的愤恨而把绝密资料透露给竞争对手作为报复，并变态式地独自享受那复仇的快感；因为不能顺利"上位"而诋毁即将"升级"的同事，一脸无辜地暗自庆幸……仿佛要想获得成功，就必须靠这些不正当，甚至堪称卑鄙的手段去夺取，去抢夺。

如果你忠诚地对待你的上司，他也会真诚地对待你；当你的敬业精神增加一分，别人对你的尊敬也会增加一分。不管你的能力如何，只要你真正表现出对公司足够的忠诚，你就能赢得上司的信赖。上司会乐意在你身上投资，给你培训的机会，提高你的技能，因为他认为你是值得他信赖和培养的。

忠诚是一种职业生存方式。如果你选择了为某一个人工作，那就真诚地、负责地为他干吧；如果他付给你薪水，让你得到温饱，那就称赞他，感激他，支持他的立场，和他所代表的机构站在一起。

虽说人往高处走水往低处流，但真正的成功者没有一个是靠这样的"越位"获得巨大的成功，任何一个伟大的成功者，其字典中都没有"背信弃义"。

有一位修完了北京大学法律课程和清华大学工程管理课程的双料博士，才华出众。像这样优秀的人才，理应工作顺利，事业飞黄腾达。可是，他最后却登上了多家企业的黑名单，成为这些企业永不录用的对象。他毕业后，先是去了一家研究所，凭借自己的才华，研发了一项重要技术。但他觉得自己待遇太差，就跳槽到一家私企，并以出让那项技术做了公司的副总。但又过了不到3年，他又带着公司机密跳槽了，这样先后背叛了不

第四章 自己走百步，不如伯乐扶你走一步

下5家公司，许多大公司都知道了他的品行，不再用他。直到最后，因为被贴上了"不忠诚"的标签，他被多个行业的企业列入了黑名单，几乎每一个了解他情况的老板都明确表示绝对不会聘用他。

这个双料博士之所以找不到工作，就在于他缺乏对企业的忠诚。由此可见，才华出众不代表你就能赢得好的事业，缺少了忠诚，谁也看不上你的才华，对企业、对他人不忠诚的人，是永远也无法在社会上生存的，也不可能得到重用，更谈不上在事业上有所成就。

林肯在没有当选美国总统之前，就已经是当地久负盛名的职场忠诚之士。无论他身处哪个岗位，他都竭力坚守自己的职业道德，忠于自己的职业。

刚入职场时，林肯只是一个普通的店员。一次，为了把零钱还给一位夫人，林肯摸黑跑了6英里的路才找到那位大意的夫人，如数把钱还给了她；任职职业律师时，他在处理一桩土地纠纷案时，但当事人一时等不到法庭要求预交的1万美金，为了维护"正义"，让当事人的利益不受侵害，林肯亲自从附近一家银行经理处筹到1万美金，且凭借坚守职业道德的好名声没打借条，一时间被传为佳话；还有一次，林肯得知当事人捏造事实，就拒绝为那人辩护，既是那人一而再，再而三地加价，他也坚守自己的职业道德，断然拒绝。

正是因为林肯忠诚于自己的职业操守，一次又一次地拒绝各种各样的诱惑——没有在金钱的引诱下迷失方向，没有为赢得权力而放纵自己，而受到顾客、经理、世人的尊敬，最终成为了美国最伟大的总统之一。因此林肯去世一个多世纪了，他依然被世人所敬仰。

身在职场，如果我们不能对公司保持忠诚，不能清楚知道并坚守自己的职业道德，那么，我们的内心就会受到沉重的打击，然后，走向了堕落，

甚至失去自尊、自信和勇气。

因此，无论你身处哪个公司、哪个职位，都要清楚自己的职业道德，对自己所在的公司保持忠诚，哪怕离开公司了，也不恶意地诋毁甚至是做出伤害公司利益的事情，只有这样，你才能真正获得自己梦想中的成功，收获他人的尊重。

伯乐相千里马：最欣赏上进的员工

一个上进的员工，对于上司来说，是最值得信任和培养的员工，因为你能够为公司创造出更多的价值。

在工作中，如果你完成的每一项工作都达到了上司的要求，那你就算是一名称职的员工了，你不会失业，还有可能得到晋升，但如果你只是如此，便永远无法给上司留下深刻的印象，无法得到他的重用，自然你也不会成为伯乐眼中的千里马。只有你让人看到你的上进，超过上司对你的期望，你吸引包括你上司在内的伯乐的注意，才能让他们对你印象深刻，那么他们在遇到一些高难度工作的时候也会想起你，给你一个锻炼的机会。

一个上进的员工，对于上司来说，是最值得信任和培养的员工，因为你能够为公司创造出更多的价值。而对于你个人来说也是如此，你能为自己赢得更多的机会。著名的成功学家拿破仑·希尔曾经说过："自觉自愿是一种极为难得的美德，它能驱使一个人在不被吩咐应该去做什么事之前，就能主动地去做应该做的事。这个世界愿对一件事情赠予大奖，包括金钱

第四章　自己走百步，不如伯乐扶你走一步

与荣誉，那就是自觉自愿。"

可是我们生活中却经常遇到许多人，他们只有在被人催促时，才会去做本应该是由他做的事，结果是，他们大半辈子都在辛苦工作，却又一无所获。还有一种人，他们根本就不动弹，即使有人跑过来向他示范，甚至留下来陪着他做，他也不会去做，所以他总是失业，频繁地换工作。

与他们不同的是，那些主动工作、积极上进的员工，总是可以很容易地在职场中找到自己的位置，并获得成功。他们对于工作的责任和意义有深刻的理解，并随时准备展示自己的全部才华，因此，他们总能够从工作中得到更多的回报。

有一个偏远山区的小姑娘来到了一座陌生的城市，由于她没有什么特殊技能，于是便在一家餐馆当服务员。在一般人看来，这个职业不需要什么技能，只要招待好客人就可以了。从事这个职业的人很多，也有很多人工作了许多个年头，但很少有人会认真地投入到这个工作。一个服务员，再上进能怎么样？人们普遍存在这种心理。

但这个小姑娘却不同，她认为自己要做就要做好，于是她从开始工作就彻底将自己投入到工作之中。不久，她不但能叫出每个熟客的名字，而且还掌握了他们的口味，只要客人光顾，她总是能够点出令他们满意的菜，并且会给出很出色的建议，因此她赢得了顾客的交口称赞，也为饭店创造了更多的收益——越来越多的顾客喜欢来这家店，享受她的服务。而她的业务能力也越来越熟练，在别的服务员照顾一桌客人的时候，她却能同时招待几桌的客人，而且井井有条。

老板将她的努力和上进看在眼里，便提拔她做店内主管，后来，老板的生意越做越大，在事业的开拓中，一直对她青睐有加，而她也是不断进取，在老板的提拔下一路向前，成为了这家大型餐饮企业的副总经理。

大公司跟对人
dagongsigenduiren

小公司做对事
xiaogongsizuoduishi

从这个例子就可以看出来，只要你拥有上进的心，那么必定会得到伯乐的赏识，获得很多好机会。只要你做到的比上司期望的还要多，那么你就永远不用担心没有机会。在任何一个公司里，那些不必老板交代就自己找事做的员工，那些接到任务时不会找借口的员工，那些永远也不问"怎么办"的员工，总是能更容易得到伯乐的欣赏。

要知道，每天按时打卡、准时出现在办公室并不表示你就是个尽职尽责的人。对每一个公司和老板而言，他们需要的绝不是那种仅仅遵守纪律、循规蹈矩，却缺乏热情和责任感，不能积极主动、自觉自愿工作的员工。

但许多公司的一些员工，一般都习惯于等待再等待，很少去主动争取或积极地处理工作，只是等到接到了明确的工作指令后才去行动，而且在工作中不断地请示，以求得下一步的工作指令。这种被动工作的员工，很难在工作中获得成就，最终将一事无成。

他们不但做不好上司交代的工作，甚至连交代下来的工作也要一再督促才能勉强做好，这种被动的态度自然会导致积极性和工作效率的下降。时日一久，他们甚至连一再交代的工作也未必能做好，他们总是想方设想去拖延、敷衍。同时，这种被动的工作态度，使你在工作中害怕犯错，不愿负起责任。因此，总是把那些不是问题的问题全搬到上司那里，请求下一步的指示。这样事事请示，不但增加了上司的负担，使自身也很难"成长"。

检视一下你自己，你是否有被动等待工作的不良习惯。如果有，就从现在开始改变，将其从自己的个性中根除，只有这样才能让你成为伯乐欣赏的千里马。那么怎样能根除这些坏习惯呢？就要做到以下几点。

第一，每天从事一件明确的工作，而且不必上司的指示就能够主动去完成。

第四章　自己走百步，不如伯乐扶你走一步

第二，到处寻找，每天至少找出一件与自己无关的事，把它做好。

第三，每天坚持这一做法，直到把它变成习惯。

坚持这样去做，就会改变自己。

诚然，在我们的工作中听命行事十分重要，上司都不会喜欢那些总是和自己唱反调的员工，伯乐也看不上这样的人。而一个经常违反公司规章制度的员工也只会被淘汰出局，但是除了服从命令以外，备受上司重视的就是员工个人的上进精神。许多公司都在寻找那些上进的、能够主动工作的人，或是努力把自己的员工培养成主动工作的人。因为这些人，即使是在上司不在场的时候，他们也能够脚踏实地地工作，能够自觉而出色地完成自己的工作，这样的人自然也更容易吸引伯乐的注意，得到伯乐的欣赏，从而他们自己也能赢得更多的机会。

公司的大目标和员工的小目标都是创造财富。因此，只要符合这个大目标，就不要局限于自己的任务，而应该在不破坏公司各种秩序的情况下，主动地完成额外的任务，出色地为公司创造额外的财富。甚至要先于你的上司和老板，提出并实施有益于公司发展的项目和业务。

总的来说，如果你总是能够保持着这种上进的工作态度及主动率先的工作精神，那么你会发现你能吸引到许多伯乐来帮助你，你就更容易成功了。

伯乐相千里马：最喜欢敬业的员工

敬业是一种使命，是一个职业人士应具备的职业道德。敬业的员工，

大公司跟对人

小公司做对事

不仅仅是为了对老板有个交代，更重要的一点是，如果你在工作上敬业，并且把敬业变成习惯，你会一辈子从中受益。

做任何工作，敬业的工作态度都是成功的基础，工作中的伯乐在相千里马时也十分注重员工的敬业精神。可以说，一个人的敬业度决定了他在职业上的成就。

曾经有人问爱迪生成功的秘诀是什么，爱迪生回答说："我为了解决一个问题，会持续不断地努力，投注无数的精力和体力而不感觉疲倦，这就是我成功的秘诀。"由此我们看到，这些杰出人士成功的秘诀就是敬业。

遗憾的是，在当今竞争激烈的年代，许多人对待工作的态度越来越不认真了，他们频繁跳槽，觉得自己的工作只是在出卖劳动力；他们蔑视敬业精神，将其视为老板盘剥、愚弄下属的手段。

敬业是一种使命，是一个职业人士应具备的职业道德。敬业的员工，不仅仅是为了对老板有个交代，更重要的一点，如果你在工作上敬业，并且把敬业变成习惯，你会一辈子从中受益。一个对工作敬业的人，才会真正为企业的发展作出贡献，自己也才能从工作中获得乐趣。

日本东芝株式会社社长士光敏夫曾对他的员工说过一句非常有力的话：为了事业的人请来，为了工资的人请走。事实上，为了事业的人是敬业的人，敬业给人带来的满足感绝不是薪水的原因，而是工作本身给人带来的满足感和成就感。当一个员工敬业时，他对公司的忠诚，绝不会因为一些物质因素的改变而渐渐丧失。

往往，那些因为事业的价值聚集在一起的人才能真正把事业做大，即使在公司面临困境时，他们也会和公司风雨同舟、荣辱与共。而那些因为

第四章 自己走百步，不如伯乐扶你走一步

工资才来的人，只是看重公司的福利和待遇，并不是企业本身对他有吸引力，所以，当公司有难时，他们往往不会选择留下，因为他们想要的东西公司已经不能再给予他们了。

美国哈佛大学对1000名成功者进行调查研究发现，使他们成功的因素中，积极、主动、努力、毅力、乐观、信心、爱心、责任心……这些态度因素占到了80%左右。也就是说，无论你选择什么工作，成功的基础是你的敬业态度。

有一个集团公司的行政总监，在他成为行政总监之前，不过是公司行政部的一名普通职员。从他进入公司那一天起，他就非常努力、敬业，总是主动承担责任。很多工作虽然不是他分内的事，但他还是主动做得尽善尽美。他每天第一个到办公室，最后一个离开。虽然没有人承诺给他加班费，但他还是经常加班，为的是不让工作拖到第二天。他总能提前完成主管交办的工作，并且做得很好。

他这样做的时候，自然也有同事嘲讽他，但他没有在乎这些人的嘲讽，依然坚持自己的工作态度和做事原则。因为他做得越多，对公司了解的层面也越多，掌握的技能越多，公司也就越需要他。

他的表现，部门经理看在眼里，总经理也看在眼里。总经理在交了一两件事给他办之后对他产生了信任，之后便交给他更多的任务让他去完成，并有意让他参与公司的一些重要会议。有同事对他说："总经理增加你的工作，你应该要求加薪。"但他没有要求加薪。他知道自己已经得到很多，他在很多方面其实已经超过同部门的老员工，这种收获绝对不是薪水所能换来的。总经理给他增加任务实际上是在考察和培养他。总经理早对原来的行政经理不满了，那个行政经理年龄虽不大，却一副老气横秋的样子，自负傲慢又不肯承担责任，出了问题总为自己找一大堆

借口。

在经过一段时间的考察和培养后,总经理作出决定解聘原来的行政经理,让这个普通的职员取而代之。人事命令一公布,整个集团为之哗然。人们开始议论纷纷,这时总经理说出了自己的看法:"这个年轻人身上有一种最宝贵的东西,这也是我们公司所需要的,且是很多员工所缺少的,那就是勤奋、敬业和忠诚。我承认他的管理能力和经验都还欠缺,文凭也不高,但只要有勤奋、敬业和忠诚,就什么都学得到。我相信他一定能够胜任行政总监的工作。"事实证明,总经理的决定一点也没有错,这个年轻人只是在刚上任的一两个月里感到有点吃力,之后就表现出了游刃有余的愉快神情,因为他勤奋、敬业和忠诚。

由此可见,成功源于敬业。敬业是职场中最应值得重视的美德。效忠公司乃是员工必须做的事,只有所有的员工敬业,才能发挥出团队的力量,才能拧成一股绳,劲往一处使,推动企业走向成功。一个公司的生存依靠少数员工的能力和智慧,但更需要绝大多数员工的敬业和勤奋。

在职场中,我们时常看到有些员工,在工作中偷懒,不负责任,根本就没有敬业精神。他们想:自己做事都是为了老板,帮老板挣钱,反正是为人家干活,能混就混,公司亏了也不用我去承担。这种心态,不仅对老板没有好处,也对自己没有益处。这种不具备敬业精神的员工,自然很难吸引那些伯乐。而那些敬业的员工,在工作上所表现出来的是认真做事、一丝不苟,并且有始有终,伯乐们自然也都喜欢提拔他们或给予他们帮助。

综上所述,敬业的员工在任何一家公司都是受欢迎的,也会有伯乐对他们伸出援手,给予他们帮助。

第四章 自己走百步,不如伯乐扶你走一步

伯乐相千里马:最欢迎勤奋的员工

如果你缺少了勤奋的精神,哪怕是天资奇佳的雄鹰也只能空振双翅;而你一旦有了勤奋的精神,即使你是只行动迟缓的蜗牛,也能雄踞塔顶。

一位哲人曾经说过:"世界上能登上金字塔的生物只有两种:一种是鹰,一种是蜗牛。不管是天资奇佳的鹰,还是资质平庸的蜗牛,能登上塔尖,极目四望,俯视万里,都离不开两个字——勤奋。"

一个人能否成才,环境、机遇、天赋、学识等外部因素固然重要,但更重要的是自身的勤奋与努力。如果你缺少了勤奋的精神,哪怕是天资奇佳的雄鹰也只能空振双翅;而你一旦有了勤奋的精神,即使你是只行动迟缓的蜗牛,也能雄踞塔顶。

拿破仑×希尔有一句话说得好:"提供超出你所得酬劳的服务,很快,酬劳就将反超你所提供的服务。"所以,最大限度地发挥你的积极主动性,并以勤奋努力实现你的目标。

要知道,勤奋是挖掘工作潜在价值的重要途径,离开了勤奋,工作将变得索然无味,自然也不会有什么突破和超越了。

勤奋工作是需要用行动来证明的,优秀员工都懂得用行动来证明自己的能力,而不仅仅是嘴上夸夸其谈。

但是,有些员工误解了勤奋工作的含义,他们认为勤奋就是不停地工作,就是加班加点,其实这并非勤奋,而是不具备在规定时间里完成工作的能力,是低效率的一种表现。在工作中,要不断地学习、摸索、总结经验,想方设法地提高自己的工作效率。

不要让老板监督自己，老板不在的时候就应自己做主，以加倍的努力回报公司，更重要的是要提高自己。这就需要你必须持续地为他人创造价值，而这不必花费一分钱。你可以尝试用勤奋取代散漫与懒惰；你的目标应该是比那些平庸的碌碌无为之辈想得更多，做得更好；每天都调整好你的心理状态，不断地超越昨天的自我，与自己的潜力进行竞争，与自己的颓废激烈角逐；强迫自己换一个角度思考问题，让每一天都成为你的代表作。

不要做整天忙里忙外的机器人，要随时思量自己的所作所为，要在工作中学习知识，总结经验，并及时用正确的思考调整偏差，规划未来。

这样才能充分、合理、有效地利用有限的时间做更多的事情。因此，我们要学会以下几个工作方法。

用心工作

普通的公司员工习惯于用手工作，因为这些工作他们已经很熟悉了，结果他们把10年当作1天来过，10年过后，他们只掌握了一种工作方法，最后他们在自己的工作上没有任何进步。这对竞争日益激烈的现代人来说，无疑是一件十分糟糕的事情。优秀员工一定要学会用心去工作，这样才能睁大眼睛去发现问题，竖起耳朵去倾听建议，用自己的大脑去思考、学习。那么，在这10年之中，你所掌握的工作技巧便会帮助自己实现成功的愿望。

善于思考

有一个青年在报上看到一则招聘启事，正好是适合他的工作。第二天早上，当他到达应聘地点时，发现应聘队伍已经排了20多人，而公司仅招两人。如果是一般人，一看这种情况，肯定会打退堂鼓了。但是，这个

第四章 自己走百步，不如伯乐扶你走一步

青年思考了一下后，拿出一张纸，写了几行字，很有礼貌地对老板的秘书说："小姐，请您把这张便条交给老板，这件事很重要。谢谢！"

这位秘书将纸条交给了老板，老板打开纸条，看后微笑着交还给秘书。秘书也把上面的字看了一遍，笑了起来，上面是这样写的："先生，我是排在第21号的人，请不要在见到我之前作出任何决定。"

最后，这个青年当然如愿地得到了工作，这就是思考的价值。在工作中要想克服困难，就必须善于思考，总结经验，找出方法和规律。这样才能顺利地解决工作中遇到的难题，提高自己的工作效率。

勤学好问，遇事留心

丰田公司有一名基层管理人员叫大野耐一，他既没有上过MBA，也没有读过多少经济学著作，但是他在管理理念方面却颇具灵感。没有人会想到，这位普通职员竟然是丰田生产方式的发明者。

大野喜欢打破沙锅问到底，遇到问题他要连问5个为什么，然后找出解决问题的办法。

有一次，机器开不动了，大野问："为什么机器停了？"

员工回答："负荷太大，保险丝断了。"

大野再问："为什么负荷太大？"

员工回答："轴承部分润滑不够。"

大野又问："为什么润滑不够？"

员工回答："润滑油泵吸不了油。"

大野还问："为什么吸不了油？"

员工回答："油泵磨损，松动了。"

大野追问："为什么会磨损？"

员工回答:"没有安装过滤器,粉屑进去了。"

于是,大野灵机一动,找到了解决问题的办法。

在工作中勤学好问,能不断地提高自己的知识储备,帮助自己不断地拓展视野。只有这样,才能够在今天这个资讯时代运用各种信息,帮助自己提高工作效率。而遇事留心才能够在工作中发现问题并解决问题,把工作做得更完美。

适时奖励自己

勤奋并不是说要你全天24小时都工作,最科学的工作方法是劳逸结合。假如长期处于苦和累的环境中,你也许就会厌倦,甚至放弃。因此,要学会适时地奖励自己,比如,当自己掌握了一种好的工作方法或提高了工作效率时,不妨花上一点时间放松一下自己,给紧张的大脑换一些新鲜空气,或者为自己准备一顿丰盛的晚餐,或去看一场向往已久的演出。这样的激励方式通常会刺激自己更加努力地工作。激励自己一番,才能够剔除自己心中的厌倦情绪。

安排好工作日程

玛丽·韦尔斯·劳伦斯是一名通过自己艰苦奋斗取得成功的美国女老板,她是韦尔斯·里奇·格林广告公司的董事长。她明白怎样使自己每天的工作更有效。她精通生意经,因而在商业界具有很大的影响。她的公司现在年营业额为2.5亿美元。但公司刚开业时只在纽约的一家饭店里租了一间房子,只有她母亲替她接电话,两个人甚至连午饭的时间也不休息,16年过去了,至今她仍在办公室里吃午饭。"我安排自己的生活就像很多人经营自己的生意一样。"一次她对《时装》杂志的一位记者说:"我总是把一切都考虑得很周密。"

第四章　自己走百步，不如伯乐扶你走一步

要学习别人的成功经验，如果你还没有养成安排工作日程的习惯，从现在开始就去学习。安排自己的工作日程，不要太过于相信自己的记忆力，要随时做笔记，将下一步计划做的事情记下来。事先做好准备，可以让你在工作时有条不紊，提高效率。在完成当天工作的同时，也应挤出点时间把第二天的事情安排好。

在成功之后，应该继续努力

有一项调查表明，诺贝尔奖的获得者获奖之后的成就、论文篇数等甚至不及其获奖前的一半。成功之后就不再努力的例子并不鲜见。勤奋通向成功，而成功很可能会成为勤奋的坟墓。大多数人凭借着勤奋努力被老板重用和提拔之后，就觉得应该放松一下，为自己前段时间辛苦的工作补偿一下，结果又回到了原来的机械工作上去了。

"人生有两出悲剧，一个是万念俱灰，另外一个则是踌躇满志"，这两出悲剧都会导致一个人终止自己的勤奋和努力。要知道，一次成功并不能代表什么，也不能决定什么，只有持续不断地继续努力，才能够成为真正的成功者。

[第五章]
选择最适合你的上司

一般来说员工接触最多的是直属上司,一定要选好自己的上司,找到最适合自己的上司,这样你才可以获得更多的信息。而如果公司的企业文化相对没那么开放,那么则去和自己敬仰的上司谈一谈,从过来人身上得到些有用的建议。并且要多去发现一些上司的优点,去请教他们工作方面的问题,找到对方比自己做得好的地方。

选择最值得你追随的好上司

一个好的上司,也许会给你带来更高效的工作方式,更畅通的沟通环境，更良好的资源积累，更宽广的职业视野，甚至是更高的工作热情和更愉悦的心情。

选工作时，上司和平台同等重要。一个好的上司，也许会给你带来更高效的工作方式，更畅通的沟通环境，更良好的资源积累，更宽广的职业视野，甚至是更高的工作热情和更愉悦的心情。所以，跟对上司，也是你事业成功的关键。下面列举10种上司，绝对值得你死心塌地跟随。

一、能够在员工需要的时候给员工提供指导，帮助员工发展的老板

老板虽然与下属是上下级关系，但是没有下属的支持和协作，再出色的老板都无法独自让公司正常运作。对企业来说，员工是重要的组成部分，但员工不能完全等同于"零件"，过于关心业绩增长，而忽略员工的感受以及职业发展的老板，在团队中的威信就会降低，随之而来的怠工及人员流动频繁势必会造成公司人力成本增加，销售额下降等不良后果。而通过帮助员工的个人发展来实现公司业绩增长的老板，不仅会赢得员工的拥护，同时也会使公司的发展速度加快。

二、行动目标明确的老板

这样的老板不会出其不意地腰斩你准备许久的方案，不会逼着员工在不可能完成的时间内完成任务，更不会三天两头冒出新的指示，让你"拆完东墙补西墙"。他非常清楚让下属通过什么样的方式，能够最快速最节省成本地达到既定目标，并且在适当的时候给予关注和支持。此类老板的经营思维非常全面，行动力也很强，并且这样的做法会给员工信心和精神上的鼓舞，让员工"越战越勇"。

三、敢于给员工犯错误机会的老板

这样的老板不以经验来判断员工的能力，而是通过发掘员工潜力，敢于给员工尤其是新员工安排尝试和成长的机会，在实践中培养员工的工作能力。对于刚毕业的大学生或工作经验不丰富的员工来说，这是非常难得的有利条件。在这样的老板手下做事，即便在工作过程中出现了失误的情况，老板也会仔细为其剖析问题所在，然后指出正确方向，使新员工很快成长起来。

四、有着良好的生活习惯和业余爱好的老板

热爱生活的人才能热爱自己的企业和员工，有着良好的生活习惯和业余爱好的老板，不仅懂得在工作之余调节压力和情绪，通常还不会把下属逼成只会工作的"机器"，这类老板在工作和生活的切换中张弛有度，因此情商一般比较高，不会无端对员工抓狂，反而会与员工进行有效沟通，深得员工的拥护和支持。

五、有成功经验的老板

如果你的老板整天都自夸地说："我虽然总是经历挫折和失败，但是我从来不会向失败低头，下次我一定会成功。"那么你要好好地了解一下你的老板，看他是否在处事和性格方面有重大问题，否则你在他的手下将会很难得到成长。记得一位心理学家说过：成功是有惯性的。有过多次成功经验的老板，总有他独到且成熟的成功秘诀，而且这类老板多为领导能力高强的人士，是下属学习和模仿的最佳榜样。

六、懂得舍即是得的老板

这类老板懂得企业不是自己一个人的企业，而是把员工归做"企业

利益共同体",把员工的利益看做企业生存的根本。只有将企业变成全体员工的企业,企业才能保证可持续发展。当员工的凝聚力达到一定程度时,不仅能以少胜多,而且当企业遇到难关的时候,大家也能同舟共济,共渡难关。

七、懂得授权与控制的老板

这类老板的工作方式是抓大放小,强化过程控制。跟着这样的老板,你能够很快得到能力上的提升,并且工作也很能放开手脚。同时,这类老板又不会随意授权,而是在适当的时候进行过程监控,保证任务的顺利完成。这样的老板信任员工,但又不因为对员工的过度信任而放弃给员工指导和帮助的机会。没有约束的权力等于没有约束,没有监督的权力等于没有监督,这类老板很懂得管理的精髓,值得跟随。

八、公平、公正的老板

这类老板处理事情相对比较公平、公正,在处理任何事情之前都会兼听各方的意见和建议,不听信一面之词。跟着这样的老板,哪怕是遇到利益纷争、遇到成果被夺走的情况,也不用担心得到的结果会不公平。

九、心胸宽广的老板

这类老板善于发觉员工的潜力和优点,舍得在员工的发展前途方面投资,而这恰恰就是一个老板的魅力所在。这样的老板总是有着足够的自信:因为公司会给员工充分的成长空间,所以不怕培养的员工因为某种情况流失掉,即便走了的员工哪天想回到公司继续工作,只要有良好的职业道德和工作能力,公司也仍然欢迎。我想不管哪个员工,都会被这样的老板所打动。

十、不虚伪，表里如一的老板

这类老板信守承诺，敢作敢当，有任何问题都会在适当的场合提出，绝不会背后扎黑刀。而且这类老板能够做到言行一致，绝不虚伪处世，跟着这样的老板，你会受他的影响，职业修养和职业道德都会得到很大提升。员工早晚也会和他一样，成为同一类人。

读懂上司脸上的"天气预报"

在当今社会，一个人想要仅靠疯狂的工作和天赋的才智就能心想事成，是难以在大公司有所作为的。你必须好好琢磨你的上司，将你的"雷达"随时准备着，要让自己和上司同步以了解他的状态和需要等。

知己知彼，百战不殆。职场中也一样，如果你已经确定了你跟对了人，选对了上司，那么你就要紧紧地跟随他，你要让他感觉到你的存在，知道你与他保持着一致的步调，那么他也就会不知不觉间对你产生亲切感，在关键时候他会拉你一把，而不是将你视为弃子。所以，这就要求你能了解你的上司。

可是，身为下属的你了解你的上司吗？他的能力怎么样？他有一些什么优点和缺点？他对什么样的下属情有独钟？他有一些什么样的工作经历？他的工作作风如何？他是一个用才如神、尊重民意的典范上司，还是一个争功诿过、欺诈下属的恶毒上司？他的奋斗目标是什么？所有这些都是你应该了解的内容，你只有对他知道得更清楚更详细，明白他的方向，你才能使自己跟上他的步伐。

大公司里人际关系复杂，几乎所有的上司都有其各自的奋斗史，他们的发迹也都有自己的辛酸，所以了解上司的历史，可以帮助自己在队伍中站稳脚跟。但是，在你认准了上司，觉得自己跟对了人的情况下，怎样才能让上司赏识你，如何了解你的上司呢？

在当今社会，一个人想要仅靠疯狂的工作和天赋的才智就能心想事成，是难以在大公司有所作为的。你必须好好琢磨你的上司，将你的"雷达"随时准备着，要让自己和上司同步以了解他的状态和需要等。那么，具体要怎样实施呢？

1. 合拍的时钟

首先要调整你的时钟，让你的钟摆和上司合拍。好好分析他的精力分布周期，如果你知道他在早上精神最好，那就在早晨向他做实质性的汇报。还有，要研究他最欣赏手下的哪些品质。

2. 体察他的言语方式

一般来说，上司的言谈不外乎三种类型：视觉型（"我看到"或是"我可以想象到"是他们的口头禅）、听觉型（我听说我们已没有回旋的余地了）和感觉型（我感觉我们的表现不错）。在可能的情况下，使用你的上司常用的说话方式，这样会让他觉得你很亲切，也能为他自己的影响力而高兴。

3. 观察他的身体语言

人与人之间超过90%以上的交流都是通过非语言方式完成的，所以倾听不仅要用耳朵，更要用眼睛。

4. 注意他的办公室环境

办公室里的状况常常能反映我们的性格。如果办公室一尘不染，井然有序，就可以判断出这个上司是个讲求纪律的人；而房间里随处可见朋友与家人图片的话，那上司一定非常欣赏社交能力强的人。办公桌桌面也不可忽略，如城堡式的办公桌，桌上整齐地码放着文件，这样的上司也会喜欢同样相当有自我管理能力的员工；而桌面显得散乱而没有头绪的上司，也就比较容易时常改变主意。

5. 迎风上还是逆风行

奉承和拍马屁之间是有差别的。前者善加颂扬，绝不滥加赞誉，只有在那些上司自己也觉得超人一等的地方才稍加使用；而后者则寡廉鲜耻地乱捧一气，无休止地吹捧更使自己变得丝毫不值得信任。

此外，与上司交流时有一些细节也要注意。

如果你与他在大厅或是外面见面，问及你的近况如何，那可以一两句话带过；如果是在电梯里，可以随便聊些无关紧要的事情，比如天气等；如果他问你怎么过的周末，那就简单说几句，但一定要注意让他随时控制聊天的长度和气氛。

还要记住，上司偶然也会同大家打成一片，但这并不表示你可以忘乎所以。办公室的聚会上，他可能会非常和蔼可亲，但是在次日的工作中你仍要保持平日的职业性。

不管公司规模大小，上司始终是公司所有人关注的焦点，尤其是在大公司，竞争对手窥视、研究他，下属解剖、分析他，员工私下议论他。如果他的职位较高，可能他的言行都会影响到公司的发展和前景。那么，作为他的下属，在考虑问题时，应该站在上司的位置和维护公司利益的角度。

综上所述，要想紧紧地跟紧自己的上司，成为一名合格的、优秀的下属，就必须深透地了解自己的上司。

从谈吐风格捕捉上司的心理

即使是你在心里认定了可以一直追随的人，你也要研究他的心理，知道了他的心理，对于你的职业发展非常有好处。

不同的人在不同的时期都会拥有不同的心理活动，他的心理反应在行动上，就会让他做出各种各样的反应。与上司打交道，要学会应付各种性情的上司，在确保自己尊严不受侵犯的同时，还要能够赢得他对自己的好印象。

托马斯·伍德罗·威尔逊是美国第28任总统，他以固执著称，任何新鲜的意见都会被他毫无例外地拒之门外。威尔逊有才能、自负，对别人的意见往往瞧不起，最后，要么是他不采纳，要么是他根本不予理睬。但是，有一个人例外，这个人就是他的助理豪斯，因为豪斯能够准备地把握他的心理。

有一次，豪斯被单独召见，虽然他明知总统不容易接受别人的建议，但他还是清楚明了地向总统陈述了一种政治方案。他经过苦心的研究，认为这个方案切实可行，所以他说起来也是理直气壮。但与以往一样，总统没有表示任何同意的意见，只是说："在我愿意听废话的时候，我会再次请你光临。"但是在数天之后的一次宴会上,豪斯很吃惊地听到威尔逊正在和别人谈论他数天前的建议。

这件事也使豪斯恍然大悟,他懂得了向总统贡献意见的最好方法:避免他人在场,使总统不知不觉地感到兴趣,然后使这计划可以作为总统自己的"天才构思"而公之于众。最后,使总统坚定不移地相信是他本人想出来的好主意。这样,自己的计划就能顺利地被总统采纳。

豪斯能取得这样的成功,主要就是因为他了解总统的心理,懂得善加利用。这就需要学会一些技巧。

首先,你要观察你的上司,了解他的心理。

有些上司将员工盯得很紧,整天怀疑自己的员工偷懒不干活,还会经常窥视员工的一举一动。对这类上司,最好的办法是经常向他汇报,多和他交流,让他知道你干了些什么、结果如何,以此使他放心;还有些上司精力过剩,热衷事业,但对员工很苛刻,对待这种工作狂的最佳对策,就是不断向他请教,使他感到你在他英明的领导下努力地工作,这样反而可以得到他的赏识。

有的上司可能是自信心不足,总是担心下属会超过他,和他抢位置。对这种上司,就需要你收敛起自己的锋芒,保持谦虚、谨慎,这样自然会博得上司的信任和赏识,以消除上司的戒心。如在业务会上,不要把什么都说完了,要留下点空间给上司做总结。当然,在平时也要注意经常向上司请示汇报,不要自己擅自做主,尤其是一些决策性工作,要等上司表态才做决定。另外,不要总盯着上司的不足,要尝试寻找上司的闪光点,因为职场比拼的是综合素质,而不是某一项专能。

有的上司非常严谨,不要以为他总是批评你、提醒你的过失,是

大公司跟对人
小公司做对事

在给你找碴,这也是他对你留意和关心的一种表现。在人才济济的大公司,能被上司留意不容易,如果你不能用斐然的成绩吸引上司的青睐,那就应尽量减少失误。所以,先要培养自己的耐心,面对上司的批评,你应该有心理上的厚度和韧性,并且遇到问题能够积极地去解决它,让他看到你确实有所动作,在想办法,争取给他留下好印象。如果你的上司是一个非常冷静的人,你就应该和他尽量保持相同的风格。对于你的一切工作计划,你都不要自作主张,要等到计划决定后,你执行就好了。在执行的过程中,要记录详细,不能有疏忽。事成后向他报告时,尽量使用平静的口气,避免使用夸张的语气,以免引起他的反感。

如果你的上司是一个权威型人物,你要拿出最慎重和一丝不苟的态度和良好的专业知识,在短时间内精心做好准备。在与人谈判的过程中展示你的才华和智慧,使出浑身解数,为你的上司赢得主动、赢得利益以及所有人的称赞。在工作结束后,如果被问及工作上的理想,你千万别直接说:"我想升职。"但可以不失时机地给上司一个暗示:"如果有更多的挑战,我会有更多的创造。"这样等待你的肯定是另有重用。

如果你的上司是一个非常豪爽大方的人,你不用想什么特别的方法来讨好他,只要你能善于运用自己的能力,表现出过人的成绩,就一定会有发展机会的。他自己长于才气,所以他也会喜欢有才气的下属。唯英雄能识英雄,你要是有能力,是英雄,就不怕他不赏识你,不提拔你。

要知道,即使是你在心里认定了可以一直追随的人,你也要研究他的心理，知道了他的心理，对于你的职业发展非常有好处。因为只有你了解了他，才能用一些手段赢得上司的青睐，让上司对你信任有加，而不是在你跟随的半途就将你放弃。

从他的个性判断上司

要想同上司"开战"，那就得先了解他，这样才有可能"战胜"他。你当然不能以相同的手段来对付所有的上司，这就需要你能判断出上司的真正个性。

进入公司后，天天和上司在一起工作，为了保证我们的工作顺畅，并使我们双方都获益多多，首先，我们应该了解自己上司的个性。办公室里有时也有矛盾，尤以下属同上司的对抗最为激烈。身为下属的你，要想同上司"开战"，那就得先了解他，这样才有可能"战胜"他。你当然不能以相同的手段来对付所有的上司，这就需要你能判断出上司的真正个性。

比如，他是个只愿把握大局的人，还是个事必躬亲的人；他是个注重制度的人，还是个注重人情的人；他是个只注重结果的人，还是同时注重过程的人；他是个兴趣广泛的人，还是个痴迷某一事物的人；他是个幽默活泼的人，还是个不苟言笑的人；他喜欢上午办公，还是喜欢下午办公……

你要明白：一位工作责任感很强的上司，不会喜欢举止轻浮的下属；一个性格内向、忧郁的上司，不会喜欢一个在他面前大大咧咧、夸夸其谈的下属；一个把自己私人利益看得很重的上司，择人时首先就会看对方是否对自己个人有利；一个办事利爽的上司，更喜欢聪颖敏捷、头脑机智的下属。

小孟毕业后进入一家星级宾馆工作，她的职务是总经理办公室的秘书。她进办公室的第一天，就听见上司在嘀咕另外一个秘书又给他的咖啡加多了糖。虽然上司声音很轻，并没有责备的口吻，也没有让秘书重新冲，而是将就着喝了，但小孟将这一细节暗暗记在了心里。

第二周，轮到小孟值日的时候，她就先用几个小纸杯分别调制了几种口味、纯度的咖啡，让上司先挑选好。这个小小的细节，令上司大为感动。后来，她又从别的同事嘴里得知上司有肩周炎，于是，她就到商场为他买了部电动理疗仪。上司有在午餐后小憩的习惯，于是她每次都坚守在外间挡驾，不让没有急事的下属或者拜访者打扰。上司喜欢足球，喜欢罗纳尔多，对油头粉面的贝克汉姆却没有好感，她就在办公桌上放着罗纳尔多的塑像，墙上贴着罗纳尔多在绿茵场上的英姿，也从来不在老总面前提到自己喜欢的贝克汉姆……因为对上司无微不至的关怀，她也很快就升任了到主管的职位。

战车驾驭者

如果他无情鞭笞员工向前迈进，这个上司是一个典型的阿谀者与虐待狂。向上——他无耻地向长官拍马屁；向下——他恶毒地折磨部属。他经常会说："为什么修正部分还没有完成？"声音尖厉，态度极度地不耐烦。

这时你就应该这样做：将努力降低到尚可接受的最低表现就行了，反正你的上司永远也不会满意。同时，开始找新工作吧！

庸才

这种上司的行为是：通过抽烟攀交情，或因为"私人关系"才坐在现在这个位置。他的特征是胆怯呆滞。经常说："嗯，是，我了解。嗯，嗯……"

这时你就应该这样做：别嘲笑他，否则他可能会变得很恶毒。如果需要的话，就带点"小恩小惠"来满足他。另外，在他心智无法负荷时，也稍微拉他一把，就像你把一根刺从狮子的脚掌给拔出来一样，他可能会成为你永远的朋友。

好好先生

这种上司的行为是：有上司的架式，但是缺乏胜任工作所需要的能力，常常有些"可怜"地向部属寻求协助。他的特征是：太害羞，以至于无法看着员工的眼睛下命令。经常说："不晓得你可不可以帮我做这个计划书？我的意思是，如果你不太忙的话。"

这时你就应该这样做：总是说自己太忙，没法接劳累度密集与曝光度过高的计划。趁还可以"拒绝"领导，尽情利用这种权利。

小拿破仑

这种上司的行为是：指挥他的部属。与战车驾驭者不同的是，小拿破仑充满许多自我意识与领导幻想，以至于他不会把太多时间花在某一个人身上。他的特征是：把部属称为自己的"部队"，把自己当成是一支军队的"司令"。经常说："好，队员们，接下来的几周我们将需要更大的努力。"

这时你就应该这样做：扮演好士兵，但是别自愿做任何额外的任务。必要时要敬礼，交给他定期的"前线报告"，以赢得功劳。偶尔扮演伤兵，打电话请病假。

徇私者

这种上司的行为是：不分青红皂白，偏爱特定部属。被挑上眼的人可享受舒适快乐的生活，未能获选"入围"的人则如坐针毡。他的特征是：与某些部属很亲密，对其他人则心胸狭窄，以及公事公办。经常会视他说话的不同人说："牛仔们，最近觉得怎么样？""都什么时候了，为什么报告还未交到我的手上？"

这时你应该这样做：如果你是非"入围"的员工，另外找个工作或是要求调职；如果你是"入围"的员工，要善加利用。

事必躬亲型

这种上司的行为是：只信任自己，觉得只有自己能把事情做好。因此，他的员工只做大部分例行工作，以致闲的闲死，忙的忙死。他的特征是：不断地在工作。经常说："你们肯定做不好，还是交给我来做吧！"

这时你就应该这样做：既然他喜欢，就交给他去做好了。

吹毛求疵型

这种上司的行为是：超细节倾向。他的特征是：关心报告的格式以及字形胜过内容。把档案以字母编排，在档案内则以年代来排列。为备份制造备份。经常说："你用的字体是12号的细明体吗？"

这时你就应该这样做：既然他喜欢 12 号的细明体，你给他的报告就用 12 号的细明体好了。

不同上司不同对待

不同的上司要采用不同的策略对待，方可处于不败之地。

职场中你会遇到许多不同类型的上司：有的性格温和，为人谨慎；有的脾气暴躁，做事草率。而且，每个人还都有与众不同的习惯。不同的上司要采用不同的策略对待，方可处于不败之地。

面对"工作狂"上司——甘拜下风

这类上司往往认为自己是天下最能干的人，他们精力过剩，且热衷于工作，而且希望下属也都和他一样，变成"工作狂"。面对这样的上司，最佳对策就是甘拜下风，不断向他请教，令他永远感觉到你是在他的英明领导下努力工作并取得成就的，这样反而还可以得到他的赏识。

面对霸道的上司——要有勇气

这类上司通常认为要不断威胁下属，才能让他们服服帖帖地干好活。对这样的上司，你必须常常让她感觉到你的存在价值，尤其当你预见到他将会对你恶语相向时，你必须事先想好回敬措辞。当然，更重要的是不要被他吓倒。

大公司跟对人

小公司做对事

面对疑神疑鬼的上司——每天给他一份工作报告

这类上司整天怀疑自己的下属偷懒不干活,所以在办公室经常导演"警察抓小偷"的游戏。遇到这样的上司,最好的办法就是每天(至少是每周)给他一份报告,明白告诉他你今天都做了哪些工作,以打消他的疑心,从此他放心,你也安心。

面对优柔寡断的上司——帮他痛下决心

这类上司大都多谋少断,往往是已经定好的决策,只要别人提出一点修改意见,就能让他一次次改变初衷,员工就要不断地重新来做。其实,你只要在他不感到有失身份的前提下,大胆和他商讨一些决策,帮他痛下决心,再设法让他在各种文件、报告、报表上签了字,他就不会再随意更改了。

面对健忘型上司——你只能扮个"保姆"

有的上司很健忘,常常颠三倒四,也常常丢三落四,有时明明在前一天讲过的事,可两三天后,他却说根本没讲过。最好的办法是,当他在讲述某个事件或表明某种观点时,你多问他几遍,也可提出自己不同的看法,故意引起讨论来加深上司的印象,最后,还可以对上司的陈述进行概括,用简短的语言重复给他听,让他牢牢记住。做些会议备忘录让他签字。

面对模糊型上司——"打破砂锅问到底"

有的上司布置工作时含糊笼统,没有明确具体的要求,既可理解成这样,又可理解成那样,前后互相抵触,下属根本无法操作和实施,一旦你

第五章 选择最适合你的上司

去做了,他就会责怪,说他的要求不是这样,你弄错了。

对这样的上司,在接受任务时,一定要详细询问其具体要求,特别在完成时间、人员落实、质量标准、资金数量等方面尽可能明确些,并一一记录在案,让上司核准后再去动手。

在执行的过程中,还要多询问,以免你做"无用功"。有的上司在你请示工作的具体指标或要求时,他却"哼哼哈哈",没有明朗的态度,或只说"你看着办"等。那么,你为了避免日后的麻烦,你要想方设法诱导他给你一个明确的答复,你可采用提示法,如:"你的意思是……"让上司续接,或者给出几个答案,让上司做选择填空,如:"你的意思……还是……或者是……"当上司有了一个比较明确的答复之后,你立即重复几遍加以强化,也可进一步延伸,"如果这样,我就应该先做……再做……是吗?"

面对无知型上司——该出手时就出手

有些上司是外行,自己对业务不懂不擅长,但却装懂,装内行,处处想显示自己,不是横插一手,就是瞎指挥。面对这样的上司,可分别对待。如果是重要的、带有原则性的问题,下属可直接阐明观点,或据理力争,或坚决反对,不能迁就,即使正面建议无效,也要想方设法迂回前进,否则就等于是拿上司和自己的前途开玩笑;倘是无关大局的一般性问题,下属则可灵活对付,尽量避免正面冲突和矛盾的激化。

面对内向型上司——"隐密型"沟通

曾有心理学家分析指出,内向型的人比外向型的人更常使用电子邮件。

所以，如果你的上司是较为内向的人，相对于面谈或听电话来说，他可能更喜欢读Email，并以此方法与属下沟通。如果你想给看惯了普通黑白邮件的上司来点惊喜的话，那就多花些时间学习制作新意盎然的彩色动画Email吧。当你要与上司谈一件重要的事时，别用Email，而要通过面谈来表达你的诚意和决心，一起吃午餐是个很好的方式，既不会受到其他同事的干扰，又能和上司作最直接有效的沟通。

面对挑拨是非、爱给老板打小报告的上司——以恶制恶

有一类上司，专爱在下属之间挑拨是非，制造矛盾，还爱在老板面前打下属的小报告，搞得员工之间关系紧张，还动不动就挨老板骂。像这样的情况，就要员工之间先把话说开，确定是上司在搞鬼，再想办法对付他。俗话说："害人之心不可有，防人之心不可无。"对这种差劲的"小人型"上司，绝不能碍于情面而一味忍耐，一定要找准时机，当面揭穿，然后主动找老板说明情况，让老板了解事情的真相。要相信，当老板的都是会为自己企业负责的，当他得知自己手下的主管是如此之人，从企业的生存和发展出发，一般是会考虑采取相应措施的。

面对平庸无能却喜揽功推过的上司——刚柔相济。偶露峥嵘

如果你的上司平庸，没点子，一有为难的工作，就交给下属去干，但对下属来讲未必不是好事，至少多了磨炼的机会，多了显露才华的契机。"人在屋檐下，不得不低头"，最好就不要和这种上司过不去。如果上司喜欢独揽别人的成绩，错了却要下属承担，这说明他自私自利、人格卑微。与这种上司相处，就须刚柔相济，既不可逆来顺受，也不可一味顶撞。在老板面前适当地维护一下自己的利益也是无可非议的，要让上司知道做人是有原则的，忍让也是有限度的。

识别外企上司的习惯

无论你是在外企工作还是在国企工作，了解了你上司的习惯，能够让你获得不小的收益。

在大公司工作，因为要接触的人员和部门较多，所以与人相处也是非常复杂的，而这其中，为了更好地与上司沟通，最好是能够了解他的一些习惯，并据此与他交流。无论你是在外企工作还是在国企工作，了解了你上司的习惯，能够让你获得不小的收益。

在实际工作中，我们可以先找出一些上司的工作、生活习惯。如他每天早上几点到办公室，他习惯早到还是晚到；当他走进办公室后，他是怎样展开自己的工作的，是立刻行动，还是花一些时间思考，计划当天该做的事；他到底在忙些什么，怎样度过一天，是否到处观察走动，确定大家都在做事；他又是怎样评估员工工作的；上司的上司又是谁……这些都需要你去用心观察。要记住：一定要在上司来之前早到，在上司走之后晚走，工作勤快，这至少可以获得较高的印象分。

如果你是一位在外资企业工作的白领，那么下面这些国外上司的习惯，你是必须知道的。

大公司跟对人 小公司做对事

法国上司

1. 法国人热爱度假。他们大都早睡早起，工作密度很高，工作态度也极为认真。所以，如果你的上司是个法国人，你最好要做个早起的"鸟儿"，并且工作的时候上紧发条，不要拖沓。

2. 法国人浪漫热情，很重视人际关系，他们总是将公司里的气氛经营得富于情感。因此，一个不能很好地协调人际关系的人是不受欢迎的。

3. 法国人在工作时大都会注重自己独立办事的力量，很少考虑集体的力量。法国公司里个人的办事权限较大，组织结构也相对单纯，从下级管理制度到上级管理职位，有时甚至只有两三级。所以在工作中也会要求员工最好是个多面手，能独自承担责任，有时还要负责对所承担的工作做出决策。因而，如果你的上司是个法国人，你独立工作的能力非常重要，尤其要注意能平衡与协调的工作。

4. 法国人的爱国精神是世界闻名的。你最好能掌握一些法国的文化、习俗，这样有利于你在法国企业里或是法国上司手下生存与发展。

美国上司

1. 偏爱自信的"出头鸟"。美国上司鼓励竞争，你应该时时清楚地表明并努力贯彻自己的立场。美国人做事很执著，不肯轻易放弃，不肯服输，所以他们喜欢有相同性格的员工。但是有一点要记住，如果你和同事在工作中产生了分歧，不要咄咄逼人，要向对方表明自己是为了使企业变得更具竞争力。另外要懂得多用幽默，这是美国人推崇的生活及工作方式。

2. 平等竞争，戒自负，戒自卑。在美国上司面前不要谈论家世，大家在竞争的舞台上地位都是平等的。

3. 如果你有理，可以"踩"住上司。面对美国上司，你不一定要事事都唯命是从，你可以向上司"开火"。在美国公司工作，凡事要有自己的主见。面对事情时，要先想想如果让自己来处理，我该怎么做。

4. 要有商业意识。美国人做事很实际，自己付出了劳动，就应该得到相应的报酬。所以在美国上司手下做事，不管你做了什么，哪怕是一点点，都可以要求回报。这些都可以在双方开始合作之前谈清楚，同意则干，不同意则罢。如果上司让你加班，你可以当着上司的面把你加班的条件说清楚。而且这种做法会得到美国上司的称赞，因为在美国上司眼里，只有懂得为自己争取权益的人，才会实实在在地为公司争取利益。还有，制订工作计划，提出有关方案时，一定要注意，这些方案在打败竞争对手后，能不能为公司创造财富，这是非常重要的。虽然美国人很重视投资，但投资后的回报是有期望值的。

日本上司

如果你所在的是日本公司，首先要不骄不躁，要有一个平和而上进的心态。日本上司有很强的自尊心，非常要面子、讲条理。如果有什么事情意见不统一，要和上司及时沟通，要用尊重的口吻和他交流，说服他，一定要谈得和谐。不要和他撕破脸，那样会给日后的工作带来不少的麻烦。日本人很讲究尊卑，所以和他们在一起走时，一定让上司走在前面。因为日本公司非常注重礼节，所以自己的形象很重要。在公司上班时，女孩子要天天换新的衣服，男士要天天换领带，每天干干净净的。这些虽是些细枝末节的事，但也绝不可忽略，真正从工作上接触起来，还是要讲究与上司的协调与全方位的沟通。其实，日本上司不仅从表面上观察你是什么样的人，而且他和中国上司一样最感兴趣的是你到底是什么样的人，包括你的工作态度、思维方式、生活态度，如果他很欣赏你，一定是他对你这个人的完全认可。

从他的爱好看上司

了解上司个人生活状况和喜好，绝对不是为了溜须拍马，而是为了保证你俩合作愉快，否则会造成不必要的误会。要知道，了解上司的好恶，避免触碰到上司的禁区，是你必经的历练。

尽管工作场合不应该涉及私人因素，个人生活的喜好也不应该成为判断员工优劣的标准，但人是很难完全做到公平、公正的，上司对你的评估不只与工作有关，也与他对你的观感有关。所以，了解上司生活上的细节、喜好，可以避免与工作无关的非技术性因素影响你和上司的关系。工作上的事，有时候要靠工作外的事来疏通。

首先，你必须知道上司的家庭情况、个人爱好。比如：他已婚还是单身；结婚了的是否有小孩，家庭是否和睦；他喜欢流行音乐还是歌剧；他喜欢足球还是高尔夫；他喜欢红茶、绿茶还是咖啡；他喜欢的咖啡是什么口味……都要搞得一清二楚，多多益善，越细越好。了解上司的爱好，避免无意间的出言不逊给自己带来坏印象。

第五章 选择最适合你的上司

和上司相处,你要先搞清楚他的兴趣爱好,了解其意图,掌握其心思。然后,注意察上司之言,观上司之色,摸清他的喜怒哀乐,在此基础上对症下药,投其所好,尽可能迎合他的心理,满足他的需要。如此,你便能赢得上司的好感,使他有兴趣了解你的能力,考察你的才干,使你受到器重。

如果你的上司要求做事积极主动,不可拖泥带水,则你就应该积极努力有效地完成任务;如果你的上司是个完美主义者,希望慢功出细活,那你就要注意工作中的细节,尽可能把工作做得尽善尽美。

这其中,察言观色是关键,也就是说要根据上司的情绪变化调整自己的情绪,根据上司的性格和喜恶修正自己的处事方式,从而与上司建立起一种良好的关系。

小鹏为人热情大方,很善于与不同的人打交道。在调到一个新单位后,他希望得到主管的好感和赏识。于是在做了一番调查后,他得知主管为人处世比较保守,于是就毅然舍弃了长发、牛仔裤等时髦装扮,而以循规蹈矩的形象出现在上司面前。

在初步赢得上司的好感后,小鹏充分发挥自己热情、乐于助人、慷慨大方的优点,主动与上司交往,建立了朋友般的友谊。当然,小鹏并不是经常围着上司转,而是设法去顺应上司的性格特点。

他的上司有一个最大的爱好——下围棋,于是,在围棋上刚入门的他就苦练了一段时间的棋艺,然后频频在上司常去的一家俱乐部露面,并每次都是和上司一起对阵、切磋棋艺,在棋来棋往中,上司与小鹏成了好朋友。经过这样一番交往,上司水到渠成地了解了小鹏身上的优点和才能,在工作中对他委以重任,小鹏从而赢得了事业上的成功。

不过，千万不要以为投上司所好只是一味迎合或曲意逢迎，而是要能洞察上司的个性与偏好，进而采取适当因应的配合行动或对策。

了解上司个人生活状况和喜好，绝对不是为了溜须拍马，而是为了保证你俩合作愉快，否则会造成不必要的误会。要知道，了解上司的好恶，避免触碰到上司的禁区，是你必经的历练。

此外，对上司的工作习惯、业余爱好等都要有所了解。如果你的上司是一个体育爱好者，你就不应在他的球队比赛失败后，去请示一个需要解决的问题。一个精明老练、有见识的上司很欣赏了解他，并能预知他的愿望与心情的下属。

无论是谁，都喜欢听一些好话，你的上司也不可能摆脱这种情绪。下属要掌握上司的特点，倘若在汇报中插入一些上司平素喜欢使用的词，就会让他对你另眼相看。

你要明白一点，上司的意图有时不会直截了当地表达出来，需要下属仔细去揣摩。原因是多方面的，有一种情况是，上司碍于自己的地位，不便表态，但倾向性意见已不难忖度，这时你应该比较乖巧，不能强迫上司明确表态；另一种情况是，上司需要助手帮腔，一个唱红脸，一个唱白脸，这台戏才能演好，这时你就不能附和上司，与上司一个调子；还有一种情况是，上司还没有拿定主意，但迫于形势只好模棱两可的敷衍几句，这时你就得稳重，私下找上司商量，不要贸然行事。总之，你在平时就得深入观察，仔细揣摩，熟谙上司的习性，这样才能正确地理解上司的意图；否则你在具体执行过程中，就会发生很大偏差，甚至南辕北辙。与上司的想法完全背道而驰，这样你就惹下麻烦了。

假如你的上司十分痛恨繁琐冗长、费尽口舌的陈述，而你却喜欢事无巨细,希望上司了解前因后果。那么这种情况下,职业顾问专家认为只有一个办法:"如果你还希望与上司融洽相处的话,改变自己,以适应上司的工作风格。"如果上司喜欢书面报告,那就通过电子邮件陈述你的建议。如果上司喜欢口头交流,就亲自与他面谈,沟通想法。显然,越是适应上司的行事风格,对你的职业生涯就越是有利。

下 篇
小公司有小公司的硬道理

[第六章]
让自己变得不可替代

西班牙著名学者巴尔塔沙·葛拉西安曾经说过:"在生活和工作中要不断完善自己,使自己变得不可替代。让别人离了你就无法正常运转,这样你的地位就会大大提高。"事实上,如果一个人在他的公司中是不可替代的,那他的成功也就指日可待了。

工作中,对人要有情,对事要无情

在做事时,要对事不对人,对事要按制度办事,而对人却要讲情面。如果对事、对人都讲究无情,不但会遭到对方的反感,难以达成解决问题

大公司跟对人
小公司做对事

的目的，还会让你在工作中举步维艰，毕竟你一个人不可能做完所有的事情，我们还是要与人合作的。

在小公司工作，会做事、做对事是关键。同时，要让自己变得不可替代，就要对事不对人。按制度办事与讲情面，是一对不可调和的矛盾，关键看你能否处理得巧妙与恰当，既能坚持制度的严肃性，又不伤人的感情。

在日常工作中，每个人都有可能出现错误，碰到这种情况时，最好是对事不对人，做到对事无情，对人有情。比如你在处理一件工作时，你的同事，你的下属，有做得不对的地方，如果你碍于情面不对他提出来，最后可能会给公司和你的工作带来麻烦，这就要求你从讲原则的角度出发，该说的就说，该批评的就批评，这样既可以做到一视同仁，同样也是你对自己工作负责任的一种表现，而且不破坏公司的规矩和制度。

当然，事情都是人做的，一旦对事无情，有时就好像伤害了对方，所以，做事时也要做到对人有情。对人有情，既能说服对方，又能使对方心存好感，从而使你在办公室内赢得人心。在做事时，要对事不对人，对事要按制度办事，而对人却要讲情面。如果对事、对人都讲究无情，不但会遭到对方的反感，难以达成解决问题的目的，还会让你在工作中举步维艰，毕竟你一个人不可能做完所有的事情，我们还是要与人合作的。

在办事时，能做到既坚持制度的严肃性，又不伤人的感情，这才是办事的高明之处。

在电视剧《贞观之治》中，有这样一段情节。

第六章　让自己变得不可替代

党仁弘曾是秦王府的将军,在立国初期立有汗马功劳,并且有才能,有政绩。但他任广州都督后,贪图享乐,买官卖官,鱼肉乡里,而他的手下杀人越货。党仁弘的种种罪行最后被告发到唐太宗李世民那里。

后来,党仁弘被两名侍卫押上殿听审,他不敢与李世民目光对视,低下头痛哭起来。

李世民问他:"从太原起义开始,我们死了多少人,流了多少血,不就是因为朝廷不像朝廷,百姓不像百姓吗!现在你的所作所为,与暴隋有什么区别?"

党仁弘:"臣也不是没有想到这一层,但想的是九死一生活下来,就应该好好享受,看着朝廷的俸禄不够用,就……"

李世民低下头,用手托着额头:"把他带下去。"

党仁弘依法当处死,李世民的近臣长孙无忌、房玄龄、杜如晦、魏徵等都主张"杀一儆百,让天下知道陛下治国不徇私情,借着这个堵住那些封王和武德朝老臣的嘴。将来处理到他们头上,也让他们无话可说"。

李世民仰天长叹,对众臣说道:"党仁弘案件让朕寝食不安。党仁弘是国家的功臣,但是他竟然如此不顾国法,为所欲为,作为朝廷的命官,祸害百姓,死有余辜。……可是,对于党仁弘,朕现在却是满脑子私情。党仁弘一家,为了江山社稷,有两个儿子死在战场。他大儿子死于薛举之战。我们中了埋伏,薛举的排箭第一个穿透党仁弘的大儿子,满身的箭杆,竟有十几支。党仁弘趴在儿子的尸体上,用舌头舔干儿子脸上的血。转身上马,又去冲杀。武德五年,洛阳城下,我们与王世充拼杀,党仁弘抱着受伤的儿子来到朕的面前,胸部被长矛刺穿,奄奄一息。我接过他,党仁弘依然没有说话,继续冲杀。老二在我怀里,声音断断续续地说:'不能尽孝了。'

·129·

要我照顾他父亲。人之将死，我如何不答应。他就死在朕的怀里啊。两个孩子为了大唐的江山死了，如今，为了大唐的法律，父亲也要死了。我李世民战场上杀人无数，可是对于党仁弘，我真是不忍啊。我在这里求求你们，就饶党仁弘一死吧。作为皇帝，我不能下跪，但求你们饶他一死吧。好，我是天子，我不能跪求大臣，我总可以跪求上天吧。"

于是，李世民走出大殿，跪求于天，最后免除了党仁弘的死罪，改为流放钦州。

中国有句古话"国法无情人有情"，在现在的和平社会中，我们当然不会遇到像唐太宗这样的事情，但在工作中我们却难免会遇到一些两难的事情，这都需要我们把握好对事无情与对人有情的尺度。

雯雯是新来的同事，而芳姐是她的顶头上司，芳姐在公司是个说一不二的人，雷厉风行。

一次，雯雯在上班的时候因为业务外出，刚好经过一个服装店，里面有衣服打折，而且是限时抢购，她想，反正与客户约定的时间还没有到，可以先逛一逛，买几件心爱的衣服。结果，雯雯买完衣服再去见客户，在时间上倒是没有晚，但她拎着几包衣服回到办公室的时候，同事们都看见了，并露出了艳羡的目光。

芳姐见了皱了眉头，因为公司有明文规定，在上班时间是不能去干其他事情的，可是雯雯又并没有耽误工作，说她吧，好像有些不近人情，不说吧，影响太坏了，以后在部门内形成风气就不好了。于是芳姐当着所有同事的面，很严肃地批评了雯雯，并对所有同事提出了警告。雯雯觉得很委屈。

事后，因为雯雯当初约定的那个客户谈成了，芳姐又在所有人面前毫不掩饰对雯雯工作能力的欣赏，表扬了她。刚好那天雯雯穿了那件当时买

第六章　让自己变得不可替代

回来的衣服，在会后芳姐对她的衣服也赞叹了几句，认为确实很漂亮，这样寒暄下来，也解了雯雯心里的疙瘩，避免了几天来的尴尬。

一个企业，对员工的严格要求，是为了帮助大家自觉养成容易成功的习惯。疲沓的工作，涣散的纪律，会让公司像建立在沙滩上，渐渐地倾斜、倒塌。既然你是公司的一员，事情又刚好在你的工作职责范围内，自然是要像芳姐那样，努力维护公司的利益和形象；而且要协调好和同事的关系，做到既能坚持制度的严肃性，又不伤同事的感情。

也有许多人在工作中一味地强调制度，结果往往忽略了人情的重要性。但很多时候，人情的威力是要远远大于冷冰冰的制度的影响。所以，也不可忽视了人情的重要。

总的来说，做对事，就要在讲制度的同时，又和同事保持和谐的人际关系，做到对人有情，对事无情，让自己在公司中变得不可替代。

要让自己成为真正的"专家"

专业性是职业生涯中必不可少的部分。无论在哪个企业，具备专业性的员工比不具备专业性的员工成长得快，待遇更好，待得更久。

一个人即便在有名的公司待了10年、20年，但却找不到一点自己的专业性，经历过于分散，乱到无法收拾的地步。真正的猎头遇到这样的简历后，是绝对不会把简历的主人推荐给企业的。或者说，即使推荐过去也绝对没有录用的可能性。

大公司跟对人
小公司做对事

专业性是职业生涯中必不可少的部分。无论在哪个企业，具备专业性的员工比不具备专业性的员工成长得快，待遇更好，待得更久。

那么如何才能获得专业性呢？基本原则就是保持工作的持续性。由于这样那样的原因更换工作，或者在一个公司内按照公司的安排，没有目的地更换职位，是完全没法保持工作的持续性的。

如何才能保持持续性呢？首先，在业务执行能力充分养成前不要更换工作。基本上经常更换工作的人不要说成为专家了，连被认可为有经验的员工都难。

想要培养专业性，维持持续性，还必须积累多种宽范围的经验。企业在培养具有经营能力的核心人才时，在把他安排到一个要职上的同时，会为他提供高强度的培训，原因正在于此。这样的人，从个人材料上可以看到，他们基本上两三年更换一次工作岗位，但每次更换岗位都保持了在一个领域的持续性。不一定是在同样的条件下做同样的事情，而是外部环境、工作地点、核心课题等有些变化，但却在与原业务相关联的岗位。这样积累下来的经验和知识的性质就不同了，他们是以过去的经验为基础，扩展了业务领域，发展了专业性的广度和深度。要想具备纵观全局、找到解决问题方法的能力，如果没有这样广泛的经验作前提是无法办到的。

我们来比较一下熟练度和专业度吧。熟练度是在反复的工作背景下，能够多快多准地做出反应，以及如何能够提高生产效率的问题。

相反，专业性是应对复杂情况下的突发事件的。是否能在这样的情况、那样的情况、特殊情况、不可预测的突发情况下敏捷地找到解决办法并付诸实践，这就是衡量专业性的尺度，这也是所有高层和CEO们所受检验的标准。想要具备这样的能力，必须具备多种经验，不能只是局限于一种职务，要最大可能地积累相关领域内的经验。

与专业性相关，不能忽视的还有一点，那就是尽可能地融入企业文化。

在工作当中，不可避免地会遇到被调派到和自己的希望相违背的岗位上的情况，我想成为这个领域的专家，可是公司由于某种需要把我派到另一个领域去。这时不要太较真，找领导哭诉，把自己的要求提出来，这样的事情干一次还好，如果三番五次地做，只能受到上司的白眼，留下利己主义者的评价。

换个公司不就解决问题了吗？当然这样可能解决眼前的问题，但是不能每次都靠换公司来解决问题。因为基本上哪个公司都不喜欢离职者，数次离职后可能就不得不面对没有什么地方可以去的局面了。

总之，如果有培养专业性之心，就不要找茬以致失去公司的信任，远远地看着，以后再慢慢等待回转的机会就行了。

老板要的是结果

结果不是你完成任务就可以了，还要在规定的时间内、按质按量地完成。你要明白老板想要得到的是什么样的结果，只有这样，你的工作才有目标，有动力。

在工作中，我们做事必须要有结果，结果永远是在第一位的，没有结果就没有生存。而老板所要的就是结果，也只有结果，因此要做对事，让自己变得不可替代，就要给老板他想要的结果。

大公司跟对人
小公司做对事

没有任何一个人在做一件事情的时候是不要结果的。这就好像我们看电影一样，一部好的电影一定要有一个让人津津乐道的结局，要么让人开怀，要么感人泪下，要么引人深思。作为一个公司的员工，你给的结果就是你的业绩，用好的业绩来说明你的一切是最好的证明依据。在职场，我们都是靠结果生存的。

没吃过巧克力的人不会知道如何制造巧克力，不明白什么是结果的人，当然也没办法做出令人满意的结果。那么到底什么是结果呢？问不同的人，往往会得到迥异的答案。有人认为完成了任务就是结果，有人认为达成了目标就是结果。结果不是你完成任务就可以了，还要在规定的时间内、按质按量地完成。你要明白老板想要得到的是什么样的结果，只有这样，你的工作才有目标，有动力。所以在做事前，你就要想想怎么才能将事情做好，以达到满意的结果。

公司选择人才，运用人才，提拔人才，都是为了让公司赢利。对于公司或老板来说，如果得不得结果，你拼命、苦劳或是拼命加班，都是白费的。

某出版社准备出一本新书，该书由国内某翻译大师所译，为即将举行的某国际科技学论坛做交流之用。不过由于这是一本科技类读物，因此图书内容涉及到了大量的专业名词，再加上大师的著作又是手稿，很多文字辨别困难，而且距离论坛开展的时间比较近了，不仅时间上比较赶，而且对书的质量要求也高。

当时，出版社的编辑手头上又各自有活，一下子都忙不过来，这时刚从学校毕业的编辑助理小李主动请缨，来跟进这本书的出版。小李对这件事情很认真，他非常仔细地研读了手稿，并学习了大量相关知识，反复确认书稿内容的正确性。同时为了赶进度，他每天都加班，连续一个月都工

第六章 让自己变得不可替代

作到晚上十二点。终于,书稿如期印刷出版,内容也没问题,可是,小李却犯了一个很小却很致命的错误,他把图书封面上译者的名字弄错了,将大师的"宫"字写成了"官"字,大师看到后非常生气,最后出版社只有修改封面,重新印刷,这也让出版社的社长大为恼火。

虽然小李很努力、很尽责地做事,但最后却因为一个小小的错误将他之前的努力给抹杀掉了。要知道,老板交代的每一件事情,他都希望得到满意的答案,如果你不能给他一个满意的结果,那么不管你之前做了多少,在他心中都是一个零,是没有用的。

此外,在工作中还经常会有这样一种情况,有些员工为了在老板或上司面前争表现,经常不考虑自身能力,往往信口开河,对任何问题都以"没问题""您放心""包在我身上"等来回应。当老板或上司问他工作完成得如何,他总是说:"放心吧,很快就做完了。"这种做法却是非常不可取的,没有给自己留有任何余地,如果能完成固然好,但如果完不成,则会给老板或上司留下不好的印象。老板怎么可能放心把重任交给这样的员工呢?所以,一定要只承担那些有把握完成的工作。

而聪明的员工往往会很客观地回答:"还有一些困难,但是请放心,我有信心做好。"即使在完成之后,如果没有做到很完美,也不应急于给领导看,要尽力把事情做到最好后,才展示给领导,当然,不要超出规定的时间。

美国IBM计算机公司的服务人员以有高度的责任心和信守诺言著称。

一天,菲尼克斯城的一个用户急需重建多功能数据库的计算机配件,IBM公司派出一位女职员给用户送去。不料,途中下起了倾盆大雨,河水猛涨,封闭了沿途的14座桥,交通阻塞,汽车已无法行驶。按常理,遇到这种情况,女职员可以返回公司,公司也不会对她有任何惩罚,但她却勇往直前，巧妙地利用原来存放在汽车里的一双旱冰鞋，滑向目的地。平时只需要20分钟的路程，她走了4个小时才到。到达用户目的地后，她又不顾疲劳，及时帮助用户解除了困难。

做完这件事情的第二天，女职员打报告汇报了这一切，很快，她得到了晋升。

这位女职员无视困难，将事情做好做对，她也因此得到了丰厚的回报。

老板都希望得到的结果是最好的，但很多时候事与愿违。员工在做事的时候会出现各种各样的情况。一种是偷懒型，耍小聪明，得拖且拖，这种最不可取，看上去是轻松了，逃脱了老板交代的任务，实际上却是在害自己。因为人的能力就是在不断磨炼中锻炼出来的，你逃脱了，也就失去了提升自己能力的可能。一种是开始的时候很认真地完成老板交代的任务，但最后总有点差强人意，因为在做事的过程中遇到的这样或者那样的问题，麻烦横生，难免让人心烦意乱，结果是草草了事。还有一种则是员工对所做的事全神投入，认真处理，以认真的心态对待问题，因此面对很多的难题都可以迎刃而解。

总的来说，要想让自己在公司、在老板心目中变得不可替代，就要学会用事实说话，先给老板他想要的"结果"，这样才能争取到自己想要的"结果"。

把自己折腾成骨干

对每一个人来说，职业成长的道路就犹如爬楼梯，是个不断向上的递

第六章 让自己变得不可替代

进过程。如果不曾到达楼顶，那么无论你站在哪一层台阶上，都不能说自己已经成功了。

我们要想在一家公司里得到重用，就要加大自己的砝码，把自己折腾成骨干，才能使自己成为公司必不可少的那部分人中的一个。

何谓骨干？骨干指的是事物中的主要部分、主要支柱或最实质性的成分，就像一栋大厦中的钢筋大梁似的，缺少了，大厦就会倒塌。一般来说，公司的骨干是那些认同公司企业文化和战略目标、能够很好地掌握企业资源、对企业业绩有所贡献，并且愿意与企业共同发展的人。这些人，可以是高、中层管理者，也可以是一线的普通员工。他们能做好该做的事，也能完成困难的事，做出与众不同的事。

想要成为公司的骨干，就得先弄明白公司到底需要什么样的人才？只要稍微关注一下公司需要的核心力量，就能马上清楚自己该做什么了。企业最需要的骨干，其实也就是核心人才，所谓核心人才，就是占公司20%的那群人。

对每一个人来说，职业成长的道路就犹如爬楼梯，是个不断向上的递进过程。如果不曾到达楼顶，那么无论你站在哪一层台阶上，都不能说自己已经成功了。骨干要想不断攀登职业的阶梯，还需要经受来自组织、环境以及自我的不断磨炼。这种磨炼，也就是我们所谓的"折腾"。

一个骨干，最重要的就是业务能力过硬，即在特定的业务领域内具备最高能力。要成为骨干，首先就是要确保自己工作的专业性。千万不要以为只要自己一直兢兢业业，像牛一样地工作，就能得到老板的信赖。日本某咨询管理公司的代表濠里耕一，在每次给新职员做演讲时，都会劝他们，要他们"赶快成长为一名有能力辞职的员工"，其实这是希望他们能不断地培养自己的实力、不再畏惧被解雇，员工只有具备了真正的专业性，让自己成为某一领域的专家，才能在职业的道路上一路向前、无所畏惧。

在未来，职业结构将会出现极端的两极分化，有一部分人会成为失业者或沦落为单纯劳动力，另一部分人则会形成上层的领导者、公司骨干。所以，如果我们不培养专业能力的话，最终可能会沦为单纯的劳动力。

当然，骨干也不只是具备专业能力的人，他们还能将自己的专业能力付诸实践。骨干的能力也要用业绩来说明，那些业绩不一定是能够养活一万人的成果，但是起码你应该属于公司那20%的骨干人群。

公司骨干还应该是具有创意性的、充满热情的人。他们的能力和成果不是偶然的或一次性的，而是具有计划性和反复性。所以即使有的人能力和成果突出，但是如果业务范围过窄或只是短期成果，也很难判定他是真正的骨干。相反，虽然短期成果不突出，但是如果此人具备了推进公司发展中必不可少的能力和技术，分析问题的观点有创意并且积极提出解决方法，那么这类人更接近于骨干。只有这样的人才能担负公司的艰巨任务，才可能提出改变市场形势的创意。

最后，骨干还具备有很强的领导能力。骨干人员还必须能够自己征得公司和老板的同意，并能成功地动员其他员工一起努力。也就是说要具有打破公司惯例和固有观念的"引领变化的力量"。单纯的模范生是无法成为核心人才的，因为他们缺乏领导能力。

无论在哪个公司，只有那些与公司的目标一致的人，帮助公司实现目标和收益的人才能成为公司赖以生存的骨干。

第六章　让自己变得不可替代

一些一流企业的骨干人员都是在公司内部挖掘并培养的，很少从外部引进。毕竟，能够适用于所有企业的"万灵丹"骨干是极少的，所以与其寻找一个适合本公司战略和文化的人才，还不如在本公司内寻找一个已经适应了公司并对公司发展做过贡献的人。这一点，中小公司的骨干与大公司的骨干是有很大区别的。

在大公司里，骨干是指那些具备世界一流水平的专业人士，但是在中小公司，得到了行业内认可的、能力卓越的人，对公司的成果有重大影响的人，能够为公司发展做出贡献的人就是骨干。在大公司担任骨干的可能是企划人员或财务会计人员，但在中小公司成为骨干的反而是那些具有丰富的工作经验并且能够独立处理多种业务的管理者或生产部门的一线工作人员以及营业人员。

在中小公司，骨干都是折腾出来的，不经历折腾，就不会成为骨干。而这种折腾具有三个方面的含义。

第一，折腾出来的机会。机会是留给那些有胆识、敢折腾的人的。抓住机遇需要有胆识，要在激烈的市场拼杀中，永远保持一种创业的冲动，保持一种激情，不畏惧，不胆怯，"狭路相逢勇者胜"，敢于刺刀见红，这些是成为骨干的必备条件。

第二，经折腾才能成长。合理的要求是锻炼，无理的要求是磨炼。一块好钢，需要千锤百炼。要想成长，就要经受得住来自组织、社会以及环境反复不断的折腾。在职业生涯中，要能够承受来自方方面面的压力，扛得住各种心理和生理方面的重负，就像唐僧取经，历经九九八十一难，最终修成正果。人才只有经受各种反复不断的磨炼，才能成为真正的可用之才。所以，所有想要成为骨干的人都要具备坚韧的抗击打能力。

第三，善折腾才会成功。只有把自己折腾成为一个真正的骨干，在公司内具有话语权，拥有一席之地，才能慢慢实现自己的职业远景，走向成功。

综上所述，在一家公司内，骨干是顶梁柱，也是不可或缺的，要想让自己不可替代，就要先把自己折腾成骨干。

做问题的终结者

在自己的工作岗位上，一定要知道如何及时处理问题，如何正确地解决问题，切记不能把问题都留给上司。

在职场上，很多人都错误地认为，老板应该比员工更积极，因为那是他自己的公司，而员工只不过是给他打工而已。他们认为解决问题是老板的事，员工要做的只是执行命令。殊不知，这种想法是大错特错。

任何一个老板雇佣员工，给他一个职位、一份工作，同时也给予了他这个职位相应的权力，目的是为了让他完成与这个职位相应的事情，而不是问题的制造者。所以，一个合格的员工在做事的时候，应该做问题的终结者而非"问题制造机"。

其实，在工作的过程中，不分工种，不论级别，人们都难免会遇上种种问题、挑战、压力，而解决这些问题，化解这些麻烦，也正是企业老板聘用员工的目的所在。没有任何一个老板愿意看到自己安排下去的任务又被人当做皮球踢回来，你不能做事，老板又为什么花钱请你呢？管理学家

第六章　让自己变得不可替代

Steven Brown 曾经说过："领导并不是问题的解决者,而是问题的给予者。"老板是负责公司整体管理、为公司制定发展战略的人,而不是全体员工的"问题汇总站"。

但事实是,在不少公司里,老板不得不亲历亲为,去做下属做不好的事情,甚至还要给下属收拾烂摊子。所以,老板们迫切需要那种能及时解决问题的人才。正如著名作家阿尔伯特·哈伯德所说:"每个雇主总是在不断地寻找能够助自己一臂之力的人,同时也在抛弃那些不起作用、不能适应公司文化的人——那些到哪个岗位都无法发挥作用的人迟早都要被淘汰。"所以,如果你想成为公司不可替代的人,那么就得做一个为老板解决问题的人,做问题的终结者。

在工作中遇到了问题,自己能够解决就自己解决,想方设法地去克服,这是自己分内的事。能够解决问题,就有更多发挥潜能的机会,同时也能建立起自己的职场信誉和形象。事实上,你和老板、上司的工作关系很简单——你去工作,解决具体问题,而不是由你去安排老板或上司的工作(把问题推给他们)。

要令自己与众不同,要让上司感到你是一位出色的员工,你就必须想办法使他信任你。就要善于动脑子分析问题并能妥善解决问题,处处表现出你可以独立处理问题,可以为公司找出解决问题的方案,只有这样才能凸显自己的责任感、主动性和独当一面的卓越素质,才能给老板留下深刻的印象。

当你在工作中遇到问题,如果你不正视它,不设法解决它,它往往会给你带来更大的压力。与其动心思琢磨怎么逃避问题,不如把这种心机和才智运用到寻找解决办法上。

在老板眼里,一个能处理和解决问题的员工,所表现出来的责任感、主动性和独当一面的能力,更令他们欣赏。因此,一个经常为老板解决问题的人,肯定会受到老板的器重。因为,他没有让问题延误,酿成大患,给公司带来损失;最重要的是,他能让老板省心省力,使他有更多的精力集中到更大的问题上。有了这样的员工,老板就少了很多的后顾之忧。

如果你在面对问题的时候,总是不能妥善地解决,那么这些问题就会成为你工作上的负担,这样的话,不但你要遭受损失,你的老板也要跟着你一起遭殃,而且他的损失可能比你更大一些。

在企业里,经常会有很多的员工在工作中并不尽心尽力,不但没有为公司创造价值,反而留下一大堆问题。他们总是觉得:反正这个公司不是我的,是老板一个人的,出现了问题当然要找他。还有一些人,在老板分配任务的时候,就说:"这件事情我做不了!"这种工作态度真是太危险了!等到老板亲自来做你应该做的事情的时候,离你被开的日子也就不远了。

所以,在工作中不要躲避问题,这样势必会影响到你的同事与上司。你要做的就是积极主动地发现问题、解决问题,也不要等老板过来督促了才做。你发现问题、解决问题的这个过程,能帮你提升自己思维技巧,了解工作细节,吸收行业知识,锻炼自己做决策的勇气,也能提高自己的能力和信心。渐渐地,你会发现,工作上的问题在你自己那里是很容易被解决掉的。

所以,在工作中遇到各种困难的时候,不要老是想着逃避,也不能有依赖思想,寄希望于别人,你要敢于作出自己的判断。你要果断而又大胆地自己拿主意,没有必要什么都向老板请教。发现问题就自己想办法解决,遇到困难就自己想办法去克服。把问题解决掉,把困难克服掉。公司的问

第六章　让自己变得不可替代

题与员工自身息息相关。你能够经常这样做，不但能够锻炼你的工作能力，而且还能把自己巨大的工作潜力挖掘出来，同时也建立起了自己在职场中的信誉和形象，日子一长，你的工作能力就能胜人一筹，你的老板肯定会发现你的才能，你也能得到老板的重用。

我们要把做事时遇到的问题看做是自己的机会和发展空间，努力借助这些问题来体现自己的价值，磨炼自己。

此外，在做事的时候，不要以为自己做得很辛苦就理应得到谅解。要知道，在职场，不要苦劳，要功劳。

据说，古罗马皇帝哈德良手下有一位将军跟随他征战多年。一天，这位将军觉得他应该得到晋升，便来到皇帝面前提要求。

"我应该升到更重要的位置，"他说，"因为我的经验丰富，参加过10次重要战役。"

哈德良皇帝对人才有着很高的判断力，他认为这位将军的能力还不足以胜任更高的职务，于是他随意指着拴在周围的驴子说："亲爱的将军，好好看看这些驴子，它们至少参加过20次战役，可它们仍然是驴子。"

这个故事告诉我们，劳苦未必功高。经验与资历固然重要，但这并不是衡量能力的真正标准。有些人可能在一家公司待的年头很长，付出的辛劳也很多，他们在某些工作技能上固然很"熟练"，但他们没有真正的责任感和创造力。所谓的"功劳"，最后还是要落在解决实际问题上。

现代企业越来越讲究效率和效益，企业要想生存和发展，要的就是最后的结果。老板们普遍重视有杰出绩效的员工，"没有功劳，也有苦劳"的评价标准早就不吃香了！

大公司跟对人

小公司做对事

美国汽车业巨擘福特被誉为"把美国带到流水线上的人",他总是员工说:"工作一定要有更高的结果,工作一定要有更高的效率!"而提高效率,找出那些阻碍效率提高的问题,并彻底地把它们消灭的人,总是更容易获得重用。

一个多世纪前,当时的美国正兴起一股石油开采热,有一个年轻的小伙子也来到了采油区。但开始时,他只找到了一份简单枯燥的工作,即巡视并确认石油罐盖有没有焊接好,这份工作只要服从命令、重复操作就行了。

当石油罐从输送带移动至旋转台上时,焊接剂便自动滴下,沿着盖子转一圈,作业就算结束。他每天都反复好几百次地注视着这种作业,天天如此。他觉得很不平衡,于是去找主管要求换工作,没有料到,主管只是冷冷地回答了一句:"你要么好好干,要么另谋出路!"

那一瞬间,他涨红了脸,很想甩手走人,但考虑到一时半会儿工作也不好找,于是只好忍气吞声回到了原来的工作岗位上。

这时,他突然有了一个想法:为什么不尝试解决一下工作中的问题?

此后,他对自己的工作进行了非常细致的观察研究,结果他发现了一个大问题:罐子每旋转一次,焊接剂滴落三十九滴焊接剂,而实际只需三十八滴就够了。经过反复试验,他终于试制出一种"三十八滴"焊接机,并推荐给公司。令人跌破眼镜的是,这一滴焊接机居然给公司带来了每年五亿美元的新利润。

这位年轻人,就是美国著名的石油大王洛克菲勒。

通过洛克菲勒的例子可以知道,只要你发现了问题的所在并去解决它,从平凡单调的服从性工作中也能创造绩效,建立大功劳。

相比之下,当今企业中,却有很多无用的"忙人",他们每天"忙忙碌碌"

第六章 让自己变得不可替代

地上班,"踏踏实实"地工作,不惹麻烦,不出乱子。然而,在不知不觉中,工作早已在他们那里成了一团僵局,问题也不知到底积压了多少。在他们"忙碌"的表象之下,问题被掩盖了,成了时刻都会爆发的火山。这样的"勤恳",只不过是一种假象,没有实质的内容。

在很多公司的企业理念中都有这样一句话:"我靠公司生存,公司靠我发展。"如果你能多为公司想一想,解决自己工作中的具体问题,做问题的终结者,那么老板必定也会对你另眼相看。

不断充电才能不掉链子做对事

半导体教父张忠谋曾说:"知识是以很快的速度前进,如果无法与时俱进,只有等着失业的份!""无论身处何种行业,都要跟得上潮流。"

老话常说"一招鲜,吃遍天",但这句话在如今的信息时代已经不适用了。在现代社会,没有哪一招能够打遍天下无敌手,我们的知识、技能都需要不断的更新,因此就需要我们不断的充电,只有保持我们自身的"电源"充足,才能在做事时做对,并且不出现掉链子的情况。

相反,如果我们跟不上时代的发展,就会被时代无情地淘汰;如果我们的能力跟不上职场的需求,就会被职场毫不留情地舍弃。

比尔·盖茨就曾直言不讳地指出:"如果离开学校后不再持续学习,这个人一定会被淘汰!因为未来的新东西他全都不会。"管理学大师彼得杜拉克也认为:"下一个社会与上一个社会最大的不同是,以前工作的开始是

大公司跟对人
小公司做对事

学习的结束，下一个社会则是工作开始就是学习的开始。"甚至有专家指出：职业半衰期越来越短，任何高薪者若不学习，五年之内就会跌入低薪者的行列；任何低薪者若不学习，三年之内就会加入失业者的行列。有调查表明，工作中，具体做事所应用的知识只有20%是我们在学校所学到的，而其余80%的知识是在我们踏出校门之后才开始学习的。所以，如果你离开学校之后就不再学习，那么只拥有20%知识的你，在激烈的职场竞争中，其后果是可想而知的。

一个满足于自己驾驭马车的人，在汽车时代必然会被淘汰，因为马车的四条腿永远也赶不上汽车的四个轮子。这就要求我们不断的学习，为自己充电、加码，使自己保持职场优势。职场是另一所大学，只有提高自己的学习力，不断掌握新技能，才能适应社会的需要，才能在残酷的竞争中不被抛弃。

在工作中，我们常常会面临职务转换的情况，例如从行政工作转换成业务工作，工作性质完全变了样，我们从原本熟悉的领域进入一个全新领域，做事的方式自然也得相应发生改变，此刻唯有立即进行充电，才能胜任我们的工作。

怡富资产管理台湾区负责人宋文琪就是一个很好的例子。宋文琪进入公司后，干的第一份工作是秘书，其后她的职务曾多次转变，经常被派到一个全新的领域，但最后她都能胜任且表现突出，因此她的职位也不断上升，这都是她不断学习充电的结果。

宋文琪每在一个工作上获得升迁时，她总是不断地问自己："我真的有能力去领导吗？"尽管在工作上已表现得相当不错了，但她还是选择不断的充电学习。

例如，她被派去管理基金的时候，因为完全不懂基金，所以她不断

第六章 让自己变得不可替代

利用业余时间来学习，白天上班，晚上下班等孩子都睡着了，再开始念书，她查阅了大量的专业书籍与资料。后来宋文琪又被派去管电子商务，但她对网络一窍不通，为了尽快进入工作状态，她专门找来专业人员来教，快速学习，很快就能将工作应付得自如了。宋文琪每次升迁后，她都深感自己"不足"，因此她不断充电，更新自己的知识。

一个人的学习能力，决定了他的发展前景。宋文琪就是通过不断的学习充电，才使自己时刻保持着职场竞争力，使自己能做对事，并将事情做好，而她所得的回报也是丰厚的。

市场竞争的激烈导致人才处于不断地折旧中，我们只有让自己的知识总是保持"新鲜"，才能在职场立于不败之地。

企业间的竞争说到底就是人才的竞争，而人才的竞争，最关键的就是学习力的竞争。今天的人才，除了要有知识外，更重要的是要会学习，要有持久不断的学习能力。

你的公司苛求的是什么样的人才，你就要努力把自己变成能适应公司要求的人，否则你在公司是难以得到发展的，是难以实现自己价值的，所以这就要求我们具备良好的学习力。员工的职业安全感只有通过不断学习，不断补充新知识才能实现。只有让自己的大脑像电脑芯片一样不断地"升级"，缺什么补什么，不断地完善自己，这样才能跟上市场变化和企业发展的需要。

其实你的知识够不够用你自检一下就知道了，看你是不是需要学习。

1. 在公司中升迁过快要及时学习。一般来说，员工的升职都是由于在原有岗位工作成绩优秀而被提升。这个时候你就要自问一下：你的能力、学识与你现在的职位相匹配吗？如果职位升级，却不曾加强学习，致使你的能力没有升级，最终你也会因"不胜任"而被淘汰。

2. 和别人聊天或给别人培训，说的却都是很久以前的经验，没有新东西，这个时候你就需要学习了。

3. 行业中一些现象和事情你看不懂了，工作中和同事沟通有些话你听不懂了，这时候你就需要学习了。

4. 职业停滞。你的工作怎么干都得不到老板的满意，无法升职，这时候你就需要充电学习。不必担心没有更高的职位，你只需担心你有没有任职的能力。

我们这里所说的学习，并不是说非要重回学校。千万不要以为学校学习是提升工作能力的唯一途径。因为当你学成归来时，继续坚守在一线的人已经在打扫战场，准备庆功宴了。孟子曾经说过："未有学养子而后嫁者也。"意思是没有先学习怎么养孩子然后出嫁的道理。你完全可以利用业余时间学习，边工作边学习比的就是勤奋，看谁能挤出更多的时间。爱因斯坦说："人的差异在于业余时间。"上班8小时都是一样工作，想要学习，拼的就是业余时间。

那么怎么学习呢？首先，你可以选择性地向书本学习，因为书本上都是成功人士总结的经验，看一本好书可以让你少走很多弯路。其次，要向其他人学习，尤其是向比自己更优秀的人学习。

具体来说，用有限的时间，学到最有用的知识，达到事半功倍的效果，这需要我们做到以下几点。

1. 要选学对自己最有用的知识。根据自己的情况，选学最有用、最适合自己的知识，这样，你才可能在有限的生命里，做出最大的成绩，实现自己的理想！

2. 要处处留心、善于观察。处处留心皆学问。学习不仅仅只限于书本上、报刊上的知识，只要你留心，会发现，在平时也能学到许多东西。

第六章 让自己变得不可替代

我们可以从别人的讲话中（甚至是你的老板和同事）、做事中，学到许多有用的东西；我们可以把不同的行业、不同的知识，联系起来、融合起来，为你的专业、工作提供新的思路和启示。学习，是不分时间、空间和对象的。

3. 要向别人多学习、多请教。我们不仅要从老师、老板、长辈那里学习有用的东西，也需要向我们的同事、朋友、周围的人学习和请教，不仅要向同行学习，也要向非同行学习，甚至我们应该向自己的对手和不喜欢的人去学习。

4. 要及时掌握和学习最新的理念和知识。当今世界，信息和知识快速变化，我们必须学习新的知识、新的理念。勇于开拓，敢于创新，才能跟上时代的步伐和要求。

5. 要善于总结的学习。总结，可以帮我们找出问题和原因，可以让我们有更大的提高。在学习和工作中观察和总结，本身就是最好的学习，往往能帮我们发现不足，起到事半功倍的作用。

6. 一定要学以致用。学习的目的，是为了应用于实践之中，以指导工作和生活，让你在工作中做对事，会做事，不会出现关键时刻掉链子的囧状。

综上所述，要想做一名优秀的员工，加强自己在公司甚至是职场中的地位，就必须不断地学习，并具备正确的学习方法，把工作和学习结合起来，使你在工作和生活中有取之不竭的动力！

每天多做一点点

每天多做一点点，是聪明人的选择；每天少做一点点，是投机者的把戏。

大公司跟对人 小公司做对事

前者是主动掌握成功，后者是在利用成功；前者为长久的人生之道，后者为短暂的机会偶遇。

在我们身边，常常可见许多优秀的员工，他们每个人看上去都很平凡，但他们却是公司的骄傲和财富。而使他们显得与别人不同的原因，仅仅是他们愿意每天多付出一点点，一年365天，天天如此！

一位哲学家问他的学生"知不知道南非树蛙"的故事，学生们都回答不知道或是了解不深。哲学家说："你可能现在不知道或是不了解，但如果你想知道有关南非树蛙的事，你可以每天花很少的5分钟来查阅资料。这样，只要你持续下去，5年内你就会成为最懂南非树蛙的人，并且成为这个领域中的权威。到时候就会有人来邀请你，听你对南非树蛙的讲解。"

从这个故事我们就可以看出来，成功者与失败者的差距，并不是我们大多数人想象的那样是个不可跨越的鸿沟，两者的差距在一些小小的事情上：每天比他人多做一点点，每天花5分钟的时间查阅资料，多打一个电话，在适当的时候多一个表示，多做一些研究，或者在实验室中多实验一次……

每天多做一点点，每天进步一点点，就离成功近了一点点。只有不断的追求才有不断的进步，只有不断的行动，每天多做一点点，日积月累，作为普通员工的你就会登上成功的阶梯，摘取满意的成果。

如果你想成为一名优秀的员工，仅仅在做事时全心全意、尽职尽责是不够的，还应该比自己分内的工作多做一点，比老板期待的更多一点，如此可以吸引更多的注意，也能给自己的提升创造更多的机会。

陈振是某公司的办公室职员，他聪明能干，对自己负责的每项工作总

第六章 让自己变得不可替代

是能够准时完成，而且不出任何差错。可是，等到年底考核评比的时候，陈振的考核却意外地在部门中处于中下，陈振觉得很诧异也很委屈，于是就找部门经理交流。

经理听完，拍着陈振的肩膀，语重心长地说："你在工作中表现得中规中矩，也没有什么差错，我很满意。但如果你能在工作中更主动一些，就很完美了。"

陈振事后反复思量经理的话，明白了一个道理：一个好员工并不是被动地完成本职工作的人，而是能够自动自发地去工作，并且做得比岗位要求的更出色的人，也只有这样，才能得到上司的青睐，自己也才能在工作中提升能力。

确实如此，对于本职工作，始终盯着岗位要求的员工只能是一个合格的员工。但是如果你每次都能比别人早一步完成工作，并且比别人作得更好一些，你就已经锋芒毕露了。要做到这些并不难，只要你比别人早做一步，比别人多做一些就可以了。

有的员工不太喜欢老板给自己交办临时任务，总想逃避。其实，在职场中，每次临时任务都是一个机会，是锻炼、表现自己的机会，更是让你展现自己能力及自己与众不同的机会。

在机会面前，你需要主动，如果你在做好自己本职工作的基础上，能经常主动承揽一些分外工作，当然，这些工作是和公司发展紧密相关的，如果你能认真对待每个临时任务，拿出超越期望的答卷，那么，你就能成为老板眼中的红人。当机会来临时，幸运的天平就会向你倾斜。

毫无疑问，老板心目中的明星员工不光是可以胜任工作的人，他还能发挥自己的才智，给工作带来新意，给老板带来惊喜，给公司带来效益。在老板看来，这样的员工有积极主动的工作态度，他在任何岗位都会脱颖而出；同时因为他出色出彩的工作业绩，他也可以胜任更高层次的职位。

确实，你没有义务去做那些自己职责范围以外的事，但是你也可以选择自愿去做，以驱策自己快速前进。率先主动是一种极珍贵、备受观注的素养，它会让你变得更加敏捷，更加积极。不管你是一名管理者，还是一名普通员工，如果你能拥有"每天多做一点"的工作态度，必定可以使你从竞争中脱颖而出。你的老板、同事和客户都会关注你、信赖你，无形中就会给你更多的机会。也许，每天多做一点工作会占用你的休息时间，但是，你多做的这些事也会给你带来良好的声誉，并增加他人对你的需要。

卡洛·道尼斯在杜兰特先生手下，从一个普通员工升任为杜兰特的左膀右臂，担任其下属一家公司的总裁，其秘诀就在于他"每天多干一点"。

道尼斯先生曾就其成功的诀窍，平静而简短地道出了个中的原由："在为杜兰特先生工作之初，我就注意到，每天下班后，所有的人都回家了，杜兰特先生仍然会留在办公室里继续工作到很晚。因此，我决定下班后也留在办公室里。是的，的确没有人要求我这样做，但我认为自己应该留下来，在需要时为杜兰特先生提供一些帮助。"

"工作时杜兰特先生经常找文件、打印材料，最初这些工作都是他自己亲自来做。很快，他就发现我随时在等待他的召唤，并且逐渐养成了招呼我的习惯……"

正是因为道尼斯自动留在了办公室，使杜兰特先生随时能够看到他，并且诚心诚意为他提供服务，让杜兰特先生养成了召唤道尼斯先生的习惯。道尼斯并没有因此获得报酬，但是，他获得了更为宝贵的的机会，使自己

第六章 让自己变得不可替代

赢得了老板的关注，并最终获得了提升。

养成"每天多做一点"的好习惯所带来的好处有许多，其中有两点是最主要的。

第一，你会因此得到更大的优势。与四周那些尚未养成这种习惯的人相比，如果你养成了"每天多做一点的"的好习惯，你就已经具备了更大的优势。这种习惯使你无论从事什么行业，都会有更多的人会主动要求你提供服务。

第二，如果你想担任更高的职务，获得更大的成功，你就需要有更多的担当，做更多的事情。如果你希望将自己的右臂锻炼得更强壮，唯一的途径就是利用它来做最艰苦的工作。

如果你能比分内的工作多做一点，那么，不仅能彰显自己的勤奋，而且能发展一种超凡的技巧与能力，使自己在职场具有更强大的生存力量。

每天提前一点到公司，别以为没人注意到，老板的眼睛可是雪亮的。如果能提早一点到公司，就说明你十分重视这份工作。每天提前一点到达，对自己一天的工作做个规划，当别人还在考虑当天该做什么时，你已经走在别人前面了。

也不要推掉那些老板、同事或客户额外给你的工作，因为，如果这不是你的工作，而你做了，对你来说，这就是机会。当顾客、同事或者老板交给你某个难题，也许正为你创造了一个珍贵的机会。对于一名优秀的员工而言，公司的组织结构如何，谁该为此问题负责，谁应该具体完成这一任务，都不是最重要的，最重要的是如何将问题解决了。

所以，下一次当客户、同事和你的老板要求你提供帮助，做一些分外的事情的时候，积极地伸出援助之手吧！你可以努力从另外一个角度来思考，想想怎样更好地解决这些问题。

综上所述，要记住，每天多做一点点。付出多少，得到多少，是一个守恒定律。即使你现在的投入无法立刻得到相应的回报，但也不要气馁，你的回报可能会在不经意间以出人意料的方式出现，可能是晋升和加薪，也可能是得到一个很好的发展机会。

[第七章]
在正确的时间做正确的事

最优秀的射手就是最善于捕捉战机的人,他们总能在正确的时间出现在正确的地点,他们的力量就在于恰到好处地给对手致命一击。同样的,在正确的时间抵达正确的地点也是所有参加工作的人永远要面对的挑战,无论是在政坛,还是在商海,都要善于在正确的时间和地点做正确的事情。一个人能在正确的时间做正确的事,这个人一定会成功。而这种找到恰当时间的能力是需要判断力的。

做对事,要先定好位

给自己做一个合理的定位,对自己进行全面的认识,并计以长远。

大公司跟对人 小公司做对事

这样我们在做事和选择目标的时候才不会过于盲目，我们的方向一定是为了我们的自我定位方面努力的，而且我们的定位一定要准确，并是我们一直都要坚持的，除非遇到什么重大改变和无法抗拒的力量才会去改变。

很多人忙忙碌碌一辈子，辛辛苦苦一生，一事无成，抱怨一辈子。这是因为他们没有给自己一个准确的定位，没有明确自己的方向，只是像无头苍蝇般地乱撞。有句话说得好："知道路，就不怕路远！"为人如此，做事也是如此，如果不能事先给自己定好位，那么你可能做着做着就失去了方向，最后不知歪到哪里去了。

在定位上的失误，使得很多人没能实现自己的价值。这就像看电影一样，你必须找到你自己的位置坐下，如果你坐到别人的位置上，那么不单会遭到位置原所有者的强烈反抗，甚至还会遭到周围观众的鄙视。

给自己做一个合理的定位，对自己进行全面的认识，并计以长远。这样我们在做事和选择目标的时候才不会过于盲目，我们的方向一定是为了我们的自我定位方面努力的，而且我们的定位一定要准确，并是我们一直都要坚持的，除非遇到什么重大改变和无法抗拒的力量才会去改变。这样你才会知道自己应该学些什么，应该放弃些什么，如果你事业上的定位是以后做一个销售部经理，那你在工作之余就应该多学习一些管理、市场营销、金融类的知识，如果你接手了一份工作，那你就要明白这份工作需要做成什么样子。

有一个笑话正好说明了这点。

一次，一个人问一个养羊的人：

第七章 在正确的时间做正确的事

你为什么养羊？

为了赚钱啊！

那你为什么要赚钱呢？

为了娶媳妇啊！

那你为什么要娶媳妇？

为了生儿子！

那你为要什么生儿子呢？

为了养羊啊！

如果我们都抱着类似"养羊"的动机来做事，很难想象他能在工作岗位上做出多么出色的业绩来。自己的定位是什么？这是每个人在作重要决定前都需要想清楚的问题。因为给自己的定位，是战略层面的上的问题，是一个方向性的问题。方向错了，行动力再强也是白搭（简单地说就是南辕北辙）。这种定位，对于一个组织、一个产品、一个人来说都是非常重要的。

做事前，要先认清自己，其次给自己一个定位，定位好了，再围绕这些定位设定目标以及做好人生的选择，如若上面做的都是对的，则我们的出发点是没有问题的，则以后失败的概率应该会小很多，即使失败了，我们也是无悔矣！

职场生涯短暂，走过弯路固然会增强自己的抗击打能力，但如果弯路走多了，快步走在"职业阳关道"上的时间还能剩下多少呢？所以，定位就显得尤为重要，经常看看自己是否已经走歪了，是否偏离航向了。

现在职业市场已经逐步成熟，在机会越来越难抓的今天，为自己定位找到正确的发展路线就刻不容缓了。

大公司跟对人 小公司做对事

一位学工程专业的同学大学毕业后分到一家工厂当技术员，嫌工作太累，上班不到半年就办了停薪留职手续到了一家私营企业。时间不长，又跳槽到了一家合资企业搞起了推销，如此这样反反复复，不到两年时间竟然换了六七个工作。他自己戏称是在寻找自己的"定位点"。

工作中过分高估自己的能力，到头来往往一事无成。这都是没给自己正确定位的一种表现。每个人都有自己的个性、专长和缺陷，自己适合干什么，不适合干什么，这对于每个人而言都有一定区别，并不都像祝愿词"心想事成"所说的那样美妙。

应当明白，定位不同于言志。定位是现实直接导出的人生选择，是一次从现实开出的人生列车，列车的目标才是理想。凭空想像的愿望缺乏科学的定位，可能使一个人一辈子徒劳无功。如好高骛远、眼高手低者到头来还得脚踩大地，重新核准航向—定位。没有或不愿对自己的整体实力作出恰当的评价，或是不愿承认这种评价结果，而一味地追潮逐浪，转眼就可能折戟沉沙，凭自己的主观臆断去决定自己工作的喜好，往往是竹篮子打水——一场空。

同时也应当认识到，定位不是给人定下一个"框框"，戴上一个"紧箍"，而是要让我们根据自己的个性、专长等客观实际，适时地确定能干什么，该干什么，从而选择一个最适合自己去做的方向去奋斗。

一个准确的定位能为我们在工作中带来哪些优势呢？具体来说有四大益处。

在工作中你如何定位自己，实际上也就定位了你的事业前途，而事业和前途并不是你降低了对别人的所取就会获得的，不同的年纪、不同的阅历、不同的能力有不同的未来，同时你也要明白自己的优势和与你的竞争对手的差距。

第七章　在正确的时间做正确的事

从以上我们知道了定位是何等的重要，但如何才能为自己定位呢？其实，定位主要是要根据个人的核心能力、个人目标、市场状况、实际情况等。一个人只有在了解自己和了解工作以及工作内容的基础上才能够给自己做准确定位。

为自己定位大致可分为三步走。首先，是要做好角色定位。我们可能会经历许多种不同的角色，而适应角色的最好方法就是要摆正位置，因为只有摆正位置，才能干好工作。所以在做事前要先了解自己，主要是自己的能力、缺陷等，可以自我探索，也可以请他人做评价。

其次，是要做好目标定位。要了解你做这件事的要求，需要你做到什么程度。你要清楚工作内容、知识要求、技能要求、经验要求等，可以询问有经验的同事或你的上司，并从中借鉴他们的经验。

最后，要了解自己和要完成的工作要求的差距，需要仔细地比较各个方面要求的差距。你可能会有多种职业目标，但是每个目标带给你的好处和弊端不同，你需要根据自己的特点仔细地权衡选择不同目标的利弊得失，还要根据自己的现实条件确定达到目标的方案。

总的来说，要想做对事，就需要先定好位。

做对事就是对自己负责

当你尝试着对自己的工作负责时，你就会发现，你还有很多的潜能没有发挥出来，你要比往常的自己出色很多倍，你会在平凡单调的工作中发现很多的乐趣，最重要的是你的自信心还会得到提升，因为你能做

大公司跟对人 小公司做对事

得更好。

在小公司，做事是关键，能在正确的时间做正确的事是一种智慧，而能做对事则是对自己负责的一种表现。这是因为，我们的工作，本身就意味着责任，而岗位也意味着任务。这世上没有不需承担责任的工作，也没有不需要完成任务的岗位。工作的底线就是尽职尽责。

成功的人之所以成功，大都是因为他们拥有高度的责任心，以及对工作一丝不苟的态度。细数一下，你会发现那些已经功成名就的人在做事的态度上，都是惊人的相似。如已经从 NBA 赛场上退役的姚明，在他驰骋赛场的时候身价达到了上亿美元；蝉联了《福布斯》世界首富达 12 年之久的比尔·盖茨，虽然事业有成，但仍潜心凝神地工作。虽然他们的身份各异，但是他们做事的态度却是一致的：对待工作百分之百的投入。

那些认真做事、对自己负责的人总是更容易获得成功。

许多年前，有一群男孩在公园里做游戏，游戏中，大家分角色扮演将军、上校和普通士兵。有个"倒霉"的小男孩抽到了士兵的角色，他要接受所有长官的命令，并且执行。

扮演上校的男孩指着公园里的垃圾房神气地对小男孩说："现在，我命令你去那个堡垒旁边站岗，没有我的命令不准离开。"

"是，长官。"小男孩快速、清脆地回答，便走到垃圾房旁边，立正，站岗。之后"长官"们离开了现场。

时间慢慢流逝，小男孩的双腿开始发酸，双手开始无力，天色也渐渐暗下来，却还不见"长官"来解除任务。

一个路人经过，说公园里已经没有人了，劝小男孩回家，可是倔强的

第七章 在正确的时间做正确的事

小男孩不肯答应。

"不行,这是我的任务,我不能离开。"小男孩坚定地回答。

路人实在是拿这位倔强的小家伙没有办法,小男孩也开始觉得事情有一些不对劲,于是,他向路人求助道:"其实,我很想知道我的长官现在在哪里。你能不能帮我找到他们,让他们来给我解除任务。"可是路人带回来的消息却并不太好:公园里的孩子已经都回家了,而且,再过10分钟这里就要关门了。

小男孩开始着急了。他很想离开,但是没有得到离开的准许。难道他要在公园里一直待到天亮吗?正在这时,一位军官走了过来,他了解完情况后,脱去身上的大衣,亮出自己的军装和军衔。接着,他以上校的身份郑重地向小男孩下命令,让他结束任务,离开岗位。军官对小男孩的态度十分赞赏,回到家后,他告诉自己的夫人:"这个孩子长大以后一定是名出色的军人。他对工作岗位的责任意识让我震惊。"

军官的话一点没错。后来,小男孩果然成为一名赫赫有名的将军——布莱德雷将军。

坚守岗位,完成任务,这就是我们所说的岗位责任。假如你是公司老板,在分派任务的时候,你会信任坚守岗位责任的人吗?在提升职位的时候,你会首先考虑坚守岗位责任的人吗?当然会!这样的人无疑是能够准确无误完成任务的人。

我和企业界的一些朋友经常交流员工方面的一些看法,大部分的时候都有这样的共识:企业需要的优秀员工,不是说他要有多高的学历、多好的经验、多高的技术,而是要看他对工作是否具有认真负责的精神!

如果一个人,无论是在卑微的岗位上,还是在重要的职位上,都能

大公司跟对人
小公司做对事

秉承一种负责、敬业的精神，一种服从、诚实的态度，并表现出完美的执行能力。这样的人一定是我们企业的最佳选择，也是任何一个企业的最优选择。

在今天这个时代里，虽然到处都呈现出了一片日新月异的景象，为人们提供了很多发展自己人生和事业的机遇。但是受社会影响，许多人的身上也滋生出了一种自由散漫、不受约束、不负责任的毛病。他们认为，这个时代里，谋求自我实现、自我发展、自己创业当老板是件天经地义的事，而忘了只有责任感才能够让个人的价值得到实现，也只有具备尽职尽责精神的人，才会受到别人的重视和提拔。

但是，只要你努力工作，认真、负责地对待每一件事情，你就会受到重用，从而获得更多的自尊和自信。

张强很不满意自己的工作，他愤愤不平地对朋友说："我在公司里的工资是最低的，并且，老板也不把我放在眼里，如果再这样下去，我就辞职不干了。"

"你对公司的业务流程熟悉吗？对于他们所做的电子商务的窍门完全弄清了吗？"他的朋友问他。

"没有，我懒得去钻研那些东西。"张强漫不经心地回答他的朋友。

"我建议你先静下心来，抱着积极的态度，认认真真地对待自己的工作，好好地把他们的业务技巧、商业秘诀、客户特点完全搞通，甚至包括签订合同都弄懂了之后，再做决定，这样，你可能会有许多收获。"

张强听从了朋友的建议，一改往日散漫的习惯，开始积极地投入到工作中去。他常常下班后还在办公室里研究商业文书的写法。

半年后，他和那位朋友又聚到了一起。

"你现在大概都学会了，是不是准备拍桌子不干了？"那位朋友问他。

第七章 在正确的时间做正确的事

"可是,这几个月来,老板对我刮目相看,最近更是委以重任,又升职,又加薪,我都快成公司里的红人了。所以,我想留下来继续发展,不打算跳槽了。"张强乐呵呵地对他的朋友说。

"这种情况,我早就料到了。"他的朋友也笑着说,"当初你的老板不重视你,是因为你对待工作自由散漫、敷衍了事,又不努力学习,老板觉得你不会有什么作为。现在,你工作态度这么积极,担当的任务多了,能力也强了,老板当然会对你刮目相看了。"

在任何一家公司,只要你努力工作,认真、负责地对待每一件事情,你就会受到重用,从而获得更多的自尊和自信。不论你的工资多么低,不论你的老板多么不器重你,只要你能忠于职守、毫不吝惜地投入自己的精力和热情,渐渐地,你会为自己的工作感到骄傲和自豪,会赢得他人的尊重。以主人翁和胜利者的心态去对待工作,工作自然就能做得更好。

那些不能理解这一点的人,十分不幸地陷入了对自己危害极大的误区。他们不受约束,不严格要求自己,也不认真负责地履行自己的职责。面对一切岗位制度和公司纪律,都在内心深处嗤之以鼻,对一切组织和机构中的岗位制度都持抵触情绪和怀疑态度。在工作和生活之中,以玩世不恭的姿态对待自己的工作和职责。对自己所在的机构或公司的工作报以嘲讽的态度,稍有不顺就频繁跳槽。他们在团体中,如果没有外在监督,根本就无法工作。他们对自己的工作推诿塞责,固步自封。任何工作到了他们的手里都不能认真对待,以至于年华空耗,事业无成,何谈什么谋求自我发展,提升自己的人生境界,改变自己的人生境遇,实现自己的人生梦想呢?我们每个人都应该知道:生活总是会给每个人回报的,无论是荣誉还是财富,条件是你必须转变自己的思想和认识,努力培养自己尽职尽责的工作精神。一个人只有具备了尽职尽责的精神之后，才会产生改变一切的力量。

工作的底线是尽职尽责。改变态度，努力培养自己勇于负责的精神，你将会成为工作与生活中的赢家。

当你尝试着对自己的工作负责时，你就会发现，你还有很多的潜能没有发挥出来，你要比往常的自己出色很多倍，你会在平凡单调的工作中发现很多的乐趣，最重要的是你的自信心还会得到提升，因为你能做得更好。

对工作负责，就是对自己负责。你的尽心尽力得到了老板的认可，你受到了敬重，自信也会逐渐得到提升，更重要的是，你获得乐趣的同时也得到了生存的资本，提高了生存的能力。

找对方法做对事

任何难题都是有方法解决的，只要去找，就一定有办法。

美国总统罗斯福说："克服困难的办法就是找办法，而且，只要去找，就一定有办法。"一名优秀的员工，总是能找到完成工作的最好办法。

做事要找对方法，一句简单的话却非常人能做得到！的确做事应当找对方法，但每个人为人处事的方法总是不同的，所以得到的效果、效率往往是各不相同，也许最后你把事情处理完了，但是你比别人却慢了半小时。或许别人早早地把事情处理完在一旁喝茶休息了，你却还在苦苦地工作、

第七章 在正确的时间做正确的事

思考。在这时你有没有想过别人会做同一类的事情总能得心应手，而自己总是老牛拉破车赶不上趟。

事实上也许你的能力、潜力并不比人家差，智商并不比人家低，那为什么你做同一件事总是比不上人家？这是因为，做事要讲究方法恰当，笔有笔法，画有画法，弹琴要有指法，所谓万物皆有法，要把事情做好就要找对方法，这样才能少走弯路提高办事效率。

在现实工作中，存在着许多方法，我们只有找对了方法，才能使企业受益，一旦方法对路，一个人的工作效率就会凸显出来，其工作能力也会得到大家的认同。可是许多人在工作中并不懂得这个道理，他们可能并不缺少工作的热情，也是绝对的敬业，但工作成效却差强人意。这样的情况并不少见，问题就出在方法上。

一位在国内知名证券公司工作的年轻人，毕业于国外的一所金融学院，有着别人羡慕的教育经历，他是公司公认的勤奋员工，但是三年过去了，他仍然只是一名普通的员工，而并没有被老总提升，原因就在其工作方法不当。每天他都在作数据统计和分析，一旦遇到问题就非要弄个究竟，而陷入了一种"分析陷阱"不能自拔。浪费了许多时间，结果并没有给公司带来好的成效，所以，没有方法或是方法错误都难以在工作中有所作为，难以成为企业中不可或缺的人才。

在美国的企业流行着这样一句话："上帝不会奖励努力工作的人，只会奖励找对方法工作的人。"这反映出美国企业对工作方法的重视程度。让方法成为一种思路，而不单单是一种技巧。一种技巧只能为你解决一件事，而你要学会的是把这种思路延展开，在更多的工作中找到并找对方法。

现实工作证明，"找对方法"对员工个人而言也是其职业生涯中最重要的资本。

在职场上,要想成为一名出色的职员,你就一定要尽力使自己具有创新思维的特征并避免被灰尘蒙蔽。在对待工作中的问题时,要尽一切可能寻找各式各样的解决方法。

有个豆子大王,他的生意非常红火,是当地远近闻名的富翁,他在谈到卖豆子时总是充满一种了不起的激情和智慧。

他说,如果豆子卖得动,直接赚钱好了,如果豆子滞销,分三种办法处理。

第一种是,让豆子沤成豆瓣,卖豆瓣;如果豆瓣卖不动,腌了,卖豆豉;如果豆豉还卖不动,加水发酵,改卖酱油。

第二种是,将豆子做成豆腐,卖豆腐;如果豆腐不小心做硬了,改卖豆腐干;如果豆腐不小心做稀了,改卖豆腐花;如果实在太稀了,改卖豆浆;如果豆腐卖不动,放几天,改卖臭豆腐;如果还卖不动,让它长毛彻底腐烂后,改卖腐乳。

第三种是,让豆子发芽,改卖豆芽;如果豆芽还滞销,再让它长大点,改卖豆苗;如果豆苗还卖不动,再让它长大点,干脆当盆栽卖,命名为"豆蔻年华",到城市里的各大中小学门口摆摊和到白领公寓区开产品发布会,记住这次卖的是文化而非食品;如果还卖不动,建议拿到适当的闹市区进行一次行为艺术创作,题目是"豆蔻年华的枯萎",记住以旁观者身份给各个报社写个报道,如成功可用豆子的代价迅速成为行为艺术家,并完成另一种意义上的资本回收,同时还可以拿点报道稿费;如果行为艺术没人看,报道稿费也拿不到,赶紧找块地,把豆苗种下去,灌溉施肥,3个月后,收成豆子,再拿去卖。

如上所述,循环一次。经过若干次循环,即使没赚到钱,豆子的囤积

第七章 在正确的时间做正确的事

相信不成问题,那时候,想卖豆子就卖豆子,想做豆腐就做豆腐!

方法并非单独的存在,更多的是有多种选择。或是因为人们的思维定式,或是因为人们不愿意尝试,许多人喜欢固守一种方法,即使知道有许多弊端。面对问题,不妨给自己多一些选择,这样往往能找到一种最佳的方法。

牛仔裤的发明人——李维·施特劳斯。他创立的著名品牌"Levi's"1979年在美国国内的总销售额达13.39亿美元,国外销售赢利超过20亿美元,雄踞世界10大企业之列。

李维·施特劳斯出生于一个德国的小职员家庭,上完大学后当上了一个稳定的文员。1850年,美国西部发现了大片金矿,年轻的李维·施特劳斯不甘心就这么平凡一辈子。于是他放弃了那个安稳但是无味的工作,加入到浩浩荡荡的淘金人群之中。

来到美国旧金山之后,他才发现,曾经荒凉的西部已经到处都是淘金的人群,到处都是帐篷,根本没有什么发财的机会。而淘金的地方由于先前是荒芜的土地,离生活中心很远,买东西十分不方便。

于是,他决定了不再从土里淘金,而是从淘金人身上开始"淘金"。他乘船去采购了许多日用百货和一大批搭帐篷、马车篷用的帆布贩卖。日用百货很快就卖光了,但帆布却没人理会。

一天,一位淘金者走了过来,李维热情地迎上去问道:"您是不是想买些帆布搭帐篷?"

那工人摇摇头:"我已经有一个帐篷了,没必要再搭一个。我需要的是像帐篷一样坚硬耐磨的裤子,你有吗?我每天都要跪在地上去分拣矿砂,工作很艰苦,衣裤经常要与石头、砂土摩擦,棉布做的裤子不耐穿,几天就磨破了。"

大公司跟对人 小公司做对事

李维·施特劳斯感到很惊奇，但这位淘金者的话无疑给了他启发。他想如果用这些厚厚的帆布做成裤子，肯定又结实又耐磨，说不定会大受欢迎呢！反正这些帆布也卖不出去，何不试一试做裤子呢？

1853年，世界第一条日后被称为"牛仔裤"的帆布工装裤在李维·施特劳斯手中诞生了。

这种当时被工人们叫做"李维氏工装裤"的裤子以其坚固耐久、穿着合适获得了当时西部牛仔和淘金者的喜爱。大量的订货纷至沓来。于是李维·施特劳斯不再开自己的那家日用品店，正式成立了自己的公司，从此开始了"Levi's"这个著名品牌的漫漫长路。

当选择摆在面前时，李维总是开创出多条出路，供自己选择。而当自己已有一条路走的时候，他也愿意再开辟一条新路，尝试那是不是更好的道路。所以，他成功了。

许多时候，我们在做事或是处理问题的时候，是有许多更好的方法同时存在的，只是尚待开发。在条件允许的时候，我们可以尝试多种方法来解题，并从中选择一个最佳的方法。

曾经有一家旅馆的经理，对于旅馆内的一些物品经常被住宿的旅客顺手牵羊而感到头痛，可一直拿不出很有效的方法来。

后来他嘱咐员工，在客人到柜台结账时派人去房内查看是否有什么东西不见了。结果客人都在柜台前等待，直到客房部人员查清楚了之后才能结账，以至于不少顾客抱怨，下一次也不再来了。

旅馆经理觉得这样下去不是办法，于是召集各部门主管想办法。后来，一个主管提出罚款的办法，但是试运行了一个月，拿东西的情况是少了，但是同样的，来旅馆光顾的顾客也越来越少。

再次开会的时候，一位年轻主管忽然说："既然旅客喜欢，为什么不让

第七章 在正确的时间做正确的事

他们带走呢?"

年轻主管接着说:"既然顾客喜欢,我们就在每件东西上标价。许多顾客并非不愿意花钱买,而是因为缺少购买它的途径。有些旅客喜欢顺手牵羊,并非蓄意偷窃,而是因为很喜欢房内的物品,下意识觉得既然付了这么贵的房租,为什么不能取点东西回家做纪念,而且又没明确规定哪些不能拿走,于是,就故意装糊涂拿走一些小东西。而现在我们可以让他们购买那些自己喜欢的东西,说不定,旅馆还会有额外收益呢。"

这个方法得到大家的认可。于是,这家旅馆在每样东西上都标上了价格,并向客人说明,如果喜欢,可以向柜台登记购买。如此一来,旅馆里里外外都布置得美轮美奂,客人们对它的印象好极了。这家旅馆的生意也越来越好了。

甚至有许多客人旅行前向旅行社指定要住这家旅馆,因为在这里可以买到价格公道的物品,还省去了到街上去买纪念品的麻烦。结果一年下来,年终盈余有一大部分是靠卖东西得来的。正应了当初那位年轻主管的话,旅馆靠这项服务获得了额外的收益。

罚款、检查房间,或是给每样东西标上卖价,这都是解决顾客顺手牵羊的方法,都能在一定程度上防止这种行为,但最后那一种方法则不仅顾全了客户的面子,而且对旅馆和顾客都有利。

许多问题往往有许多种解决方法,当我们找到了一种解决方法的时候,那不一定是最好的,或许存在着许多弊端。所以,在条件允许时尝试用更多的方法解决问题,尤其是常规、例行的问题,往往就能找到一个最好的方法,这对以后类似问题的解决也非常有借鉴作用,能省去不少力气。

大公司跟对人
小公司做对事

拖延是种慢性的毒

拖延是吞噬生命的恶魔，每天都有每天的理想和决断，昨天有昨天的事，今天有今天的事，明天有明天的事，一旦拖延，只会将雪球越滚越大，使你最终一事无成。

不管是在大公司还是在小公司，拖延都是一种慢性的毒，它扼杀人的激情，增长人的惰性，使人在完成工作任务时需要耗费更多的时间和精力。世界上每个人都有推后任务或工作的冲动，几乎每个人都会在不同程度上拖延工作。这就需要我们时刻警醒，在做事的时候绝不拖延。

这是一个刻不容缓的时代！不管是哪一个行业，做哪一份工作，效率都是至关重要的。美国上班族的午餐，都已经在自己工作的地方匆忙解决了，在这股横扫全球的高效率风潮中，"有空再谈"已经成为了他们的口头禅。但是，在我们的周围却依然有很多本来可以优秀的员工，还在深受拖延的困扰。

这个问题已经在世界上许多大公司里绝迹，如秉持"决不拖延"理念的美国埃克森－美孚石油公司，它也因此一跃而成为全球利润最高的公司。当然，"决不拖延"也是沃尔玛商店、英特尔、德国电信、通用汽车等知

第七章 在正确的时间做正确的事

名大公司严格执行的员工行为准则。

文捷先生也在《决不拖延》一书里,道出了此中的真谛:感觉自己"不忙碌",就代表我们的"重要性"不够。

我们很多时候感觉已经工作很久,但实际上我们大部分时间都在打岔、走神。

拖延是一种凡事都留待明天处理的不良态度,今天该做的事拖到明天完成,现在该打的电话等到一两个小时以后才打,这个月该完成的报表拖到下个月,这个季度该达到的进度要等到下一个季度,久而久之,拖延就形成了习惯,你也在这种慢性毒中渐渐丧失了工作的激情和动力。

令人懊恼的是,我们每个人在工作中都或多或少、或这或那地有拖延的时候。拖延有多种多样的表现形式,如琐事缠身,无法将精力集中到工作;有着极端的完美主义倾向,反复修改计划,该实施的行动被无休止地拖延;做事磨蹭,有着一种病态的悠闲,使问题久拖不决等。

喜欢拖延的人往往意志薄弱,他们或者不敢面对现实,习惯于逃避困难,惧怕艰苦,缺乏约束自我的毅力;或者目标和想法太多,导致无从下手,缺乏应有的计划性和条理性;或者没有目标,甚至不知道应该确定什么样的目标。另外,认为条件不成熟,无法开始行动也是导致拖延的原因之一。

我们常常因为拖延时间而心生悔意,然而下一次又会惯性地拖延下去。几次三番之后,我们竟视这种恶习为平常之事,以致漠视了它对工作的危害。

无论是公司还是个人,没有在关键时刻及时做出决定或行动,而让事情拖延下去,这会给自身带来严重的伤害。美国哈佛大学人才学家哈里克说:"世上有93%的人都因拖延的陋习而一事无成,这是因为拖延能杀伤人的积极性。"

拖延并不能使问题消失也不能使解决问题变得容易起来,而只会使问题深化,给工作造成严重的危害。

我们没解决的问题,会由小变大、由简单变复杂,像滚雪球那样越滚越大,解决起来也越来越难。而且,没有任何人会为我们承担拖延的损失,拖延的后果可想而知。

对每一个渴望有所成就的人来说,拖延是最具破坏性的,它是一种最危险的恶习,它使人丧失进取心。一旦开始遇事推拖,就很容易再次拖延,直到变成一种根深蒂固的习惯。优秀的员工做事从不拖延,他们知道自己的职责是什么,在上司交办工作的时候,他们只有两个回答:"是的,我立刻去做。""对不起,这件事我干不了。"一件工作交代下来,能做就立刻去做,不能做就立刻说出自己不能做。

我们都知道拖延对做事所带来的危害,那么我们具体怎样"戒掉"它呢?

1. 自我审视

首先,仔细审查一下你是否有拖延的习惯。你是否每个月都推后相同的事情(如推迟付账,甚至是在你有钱偿付的时候),或者你无论多小的事情都要拖延?找出自己拖延的规律,并注意你何时何地靠拖延工作来帮忙。

2. 正视你的担心

有时候你的拖延可能是因为害怕做手头的任务或项目,因为这会使你从舒适的环境中走出来。有时人们担心接听电话的一方可能不愿听到他们要说的话或将会回绝他们时,人们就会拖延打这个电话。要消除这种担心

第七章 在正确的时间做正确的事

就要在意识中明确它,然后确认你的优点和技能,回忆以前做成功的事情并将他们写下来;对你成功的意义作合理的评判,并专注于你自己的需要和期望而不是别人的。

3. 摈弃过度追求完美

有的人拖延是因为过度追求完美,固执于细节,力图掌握住工作中的方方面面,而忽略了工作的推进。将你的标准和价值观仔细地审查一下,如果你不再试图成为别人眼中的"完人",那么你将发现你自己就不错,只要你总是在尽力做得最好,那么他人的期望就变得不那么重要了。

4. 不要一次做太多事

有的人认为每件事对他们都是重要的,他们不会授权、拒绝以及设定优先次序,总是一个人忙碌。其实,你可以首先明确在限定时间内完任务,将必须做的和可以延后的事情分开。对任务做通盘考虑,然后做完它所需要做的事情。记住,需要明确要完成的目标以及完成时间,并将这些目标分成小目标,最重要的是要少允诺多完成。

5. 制定计划

制定计划,减少和控制拖延。可以从安排你项目的每个具体任务开始,列出清单并排好轻重次序。完成一个任务就做一个标记,并给自己一定的奖励。你可以从最让人不愉快的任务做起,顺着清单一直做到简单的任务。每天都完成一些你计划中的事情,并随时把新的任务和项目纳入计划。

6. 采取行动

当你又忍不住要拖延时,不妨坐下5分钟,设想一下你拖延工作和按计划工作所带来的情绪和身体上的不同后果。思量后 只管做你认为最好的,不必后悔或优柔寡断。

给自己定一个按时完成任务奖，奖励要实际并按事先定好的办。要留意会引诱自己不按计划行事的想法，学会扭转自己的思想倾向："如果我再不做就没有时间了，接下来还有好多事情要做"，"如果我做完这个，我就会觉得更自在些了"。

利用一下能为你的项目提供咨询帮助的朋友、教练或师长。在工作进程中向他们求教，告诉他们你需要他的支持，你需要倾诉你对工作的感想，你需要他的鼓励。

试试以上这些方法，如果这些方法能对你起作用，那就继续下去；如果没有，就试试其他的方法。

总而言之，拖延是一种慢性的毒，拖延对我们的工作和生活都会带来不利的影响，也会影响到我们的情绪，所以，一定要努力克服拖延的坏毛病。

"半途而废"有时也只是名字的选择

任何人成功之前，必然会遇到一时的失意，说不定也会落败几回。碰到不如意的事，选择放弃也许是最简便的做法，而且生活中大部分人就是这么做的。

世界上没有什么事是办不了的，没有什么困难是不能克服的。伏尔泰曾经说过："要在这个世界上获得成功，就必须坚持到底，剑至死都不能离手。"任何人成功之前，都会遇到许多的失意，甚至是多次的失败。如果

第七章　在正确的时间做正确的事

你放弃了，你就放弃了一个成功的机会，因为轰轰烈烈的成功之前的失败，往往离成功只有一步之遥。

2010年11月，阿里巴巴集团董事局主席马云接受美国ABC电视台专访时候说："我做事绝不半途而废。过来的路上，有很多机会可以放弃，但我没有。"所以他最后成功了，并站在事业的顶峰。

任何人成功之前，必然会遇到一时的失意，说不定也会落败几回。碰到不如意的事，选择放弃也许是最简便的做法，而且生活中大部分人就是这么办的。

然而全美国的富豪中，有500名以上的富豪亲口说过，他们最轰轰烈烈的成功和打击他们的挫折之间相距仅有一步。要想成功，就不能被放弃的心情左右，你要知道，黄金只在三尺之下。只有锲而不舍，才可到达目标，要有无论如何也要坚持下去的坚定信念。

坚持到底直至成功

太阳落了还会升起，不幸的日子总有尽头，过去是这样，将来也是这样。说起来，一个人克服一点儿困难也许并不难，难的是能够持之以恒地做下去，直到最后成功。

在古老的东方，斗牛是一项非常受欢迎的活动，人们挑选小公牛到竞技场格斗也是有规矩的。小公牛必须向手持长矛的斗牛士攻击，裁判用它在受戳后再向斗牛士进攻的次数多少来评判这只公牛的勇敢程度。

大公司跟对人
小公司做对事

其实，在生活中我们的生命每天都在经受类似的考验，只有如斗牛一般，坚持不懈，迎接挑战，我们才有可能成功。

古人云："有为者，譬如掘井；掘井九尺而不及泉，犹为弃井也。"意思是有作为的人就好比挖井，挖到九尺而没有挖出水，就是没用的。所以说，坚持到底就是胜利，切忌半途而废。在你放弃的时候，成功可能与你就偏偏差那么一点点，而你却在这个紧要时刻退避了，这实在是非常可悲的事。

有人把一条鲮鱼和一条鲦鱼放进鱼缸里，并用玻璃板把它们隔开。开始时，鲮鱼要吃鲦鱼，飞快地向鲦鱼游去，可一次次都撞在玻璃隔板上，游不过去。过了一会儿工夫，鲮鱼放弃了努力，不再向鲦鱼那边游去，当实验者将玻璃板抽出来之后，鲮鱼也不再尝试去吃鲦鱼！

因为鲮鱼经过一次次失败后，失去了吃掉鲦鱼的信心，放弃了已经可以达到目的的努力。其实，人也一样，有时也犯鲮鱼那样的错误。而成功的人之所以成功，恰恰就在于它们能够比别人多一份坚持。

我们不是为了失败才来到这个世界上，我们的血管里流淌的也不是失败的血液。失意者的哭泣、抱怨者的牢骚，都是能迅速蔓延的可怕瘟疫，它容易让人失去勇气。但成功就藏在拐角后面，你前进一步，就离它更进一步。

成功之路，艰辛漫长而又曲折，只有坚持才能到达终点，赢得成功；如果一开始就浮躁，那么你走到半路，可能就会累倒在地。"世上无难事，只怕有心人。"坚持是一个人在做事过程中最优秀的品质。有人终日忙碌不停，但始终找不到自己的方向，即使找到了方向，也只是一时、一段的激情，缺乏持久、不懈的努力，到头来，仍是一事无成。只有那些敢于坚持、有耐心、不放弃的人，才能将不可能的事变为可能。在我们的现实生活中，看准100个目标但没有完成任何一个目标的人，远不及只看准一个

第七章 在正确的时间做正确的事

目标而能去完成的人有作为。所以，无论做什么事，你只需每天坚持前进一步，一年你就可以进步360步。

正如丘吉尔所说："我的成功秘诀有三个：第一是，决不放弃；第二是，决不、决不、决不放弃；第三是，决不、决不、决不能放弃！"只有坚持，才会帮助人们不断地向难关冲击，并最终走向成功。

我们都听说过乌龟和兔子赛跑的故事，乌龟之所以能首先达到目的地，并不是是因为它比兔子跑得快，而是因为兔子骄傲自满没有责任心、进取心，而乌龟却凭着责任心强、不怕吃亏、"笨鸟先飞"的精神和锲而不舍的进取心，取得了比赛的胜利。

爱迪生做了一万多次实验才发明了电灯。《考致富》一书作者拿破仑·希尔访问爱迪生的时候问他："如果第一万次实验失败了，你会怎么办？"爱迪生回答："我就不会在这儿与你谈话了，此刻我会把自己锁在实验室中，做第一万零一次实验。"

要想拥有成功的投资，坚持到底是一个很简单也很不容易的诀窍。

英国作家约翰·克里西一生中出版了560多本书。但是，在他开始写作时，曾经收到743件退稿，不过这并没有动摇他的信念和决心，他一直坚持写下去，终于取得了成功。假如当他看到700多篇退稿而退却下来，不再写作，也就不可能有后来的成就了。

坚持到底就是胜利，切忌功亏一篑。正如爱默生所言："伟大人物最明显的标志，就是他坚强的意志，不管环境变化到何种地步，他的初衷与希望，仍然不会有丝毫的改变，而终至克服障碍，以达到企望的目的。"一件事开始容易，但坚持做到最后却很难。凡是成就事业的，不一定有一个最好的开始，但它们的坚持，用自己的专注和认真博取了一个最后的结局。这一点往往就是伟人与凡人之间的区别。

大公司跟对人

小公司做对事

有一次，微软公司并没有刊登招聘广告，但有个年轻人却来到微软公司应聘。见总经理疑惑不解，年轻人就用不太娴熟的英语解释说自己是碰巧路过这里，就贸然进来了。总经理感觉很新鲜，破例让他一试。面试的结果却是出人意料，年轻人表现糟糕。他对总经理的解释是事先没有准备，总经理就随口应道："等你准备好了再来试吧"。

一周后，年轻人再次走进微软公司的大门，虽然这次依然没有成功，但比第一次的表现要好得多了。而总经理仍然回答："等你准备好了再来试。"就这样，先后5次，这个青年最终踏进微软公司的大门，并被公司录用，成为公司的重点培养对象。

如果我们在办事的时候，能够像这个年轻人一样，以勇敢者的气魄，坚定而自信地对自己说一声："再试一次！"那么，你必定可以达到成功的彼岸！

任何人在成功之前，遇到一些失意的事情在所难免，说不定有时也会跌得很惨。这时候，心灰意冷，选择放弃也许是最简便的做法，而且生活中大部分人就是这么做的，但这也是成功的人与失败的人之间的区别所在。

在一次对全美国富豪进行的调查中表示，有500名以上的富豪认为，他们轰轰烈烈的成功和打击他们的挫折之间相距仅有一步。只有锲而不舍，才可达成目标，要想成功，就要有坚持下去的坚定信念。比如销售人员，就必须想尽一切办法与客户接触，尽力说服客户购买自己的产品，绝不轻言放弃。

销售人员卡尔森就是用这种坚持到底、绝不放弃的精神，千方百计把自己公司的阀门推销给了芝加哥的一家糖果厂。当时，该糖果厂已经使用另一个牌子的阀门25年了。

第七章　在正确的时间做正确的事

一天,卡尔森在吃午饭时拦住糖果厂的总机械师,说他下午两点要去见他。两点刚过,总机械师气冲冲地走进会客厅,卡尔森慌忙请他坐下,开门见山地问:"您用的阀门漏不漏?""买阀门不是我的事!"总机械师高声说,"你去找总工程师吧。"

卡尔森没有回答,而是继续问:"什么设备上的阀门泄漏最多?"

"焦糖蒸汽罐上的。"总机械师不情愿地承认,"但我无权购买任何阀门。"

这时,卡尔森已经开始展示自己的样品,他把阀门拆开让总机械师看:由于在特硬底座和堵盘之间垫的是修剪好的薄钢片,因而阀门可以做到绝对密封。"你们的焦糖蒸汽罐上使用多大尺寸的阀门?"卡尔森问。

"3/4英寸的,"总机械师回答,"但我已经告诉你,我什么阀门也不要。"

卡尔森却说:"你只要写一张请购单,就说需要一只3/4英寸的实心阀门,进屋去给你们采购员要一张订单,然后你就能将阀门的泄漏问题彻底解决。"

总机械师走进屋里,为那一只试用的阀门拿来订单。

卡尔森在几分钟之内做到了他们公司经销商及销售人员25年来未曾做到的事,原因就是因为他的坚持不懈。在这个世界上,最伟大的销售人员往往是遭受挫折次数最多的销售人员。但失败是成功之母。一个成绩斐然的销售人员说过,头一次提出成交要求就获得成功的买卖,在他做成的所有买卖当中只占1/10,他在签合同前做着被拒绝一次、两次、五次、七次,甚至八次的准备。

所谓坚持到底就是胜利,安东尼·罗宾说:"没有失败,只有暂时停止成功。"往往当你最困难的时候,其实就是离成功不远的时候,如果你遇到困难就后退,那就算成功已到彼岸,它也会与你无缘。不管做什么事,只要放弃了，就没有成功的机会；不放弃，就会一直拥有成功的希望。只要再坚持一下，成功就是你的！

总而言之，做事情要有恒心和耐心，不管做什么事，不放弃就不算输。一个人想干成任何大事，都要能够坚持下去，坚持下去才能取得成功。

最有效地利用时间

威廉·A·沃德说：我们不做时间的主人，就要做时间的奴隶；我们若不利用时间，时间就会把我们耗尽；成功的人与不成功的人之间的差别不是他们拥有的时间多少——因为每个人每天都有24小时——而是如何利用。

思想家歌德说：我们都拥有足够的时间，只是要好好善加利用。当你能够高效率地利用时间的时候，你对时间就会获得全新的认识，你将知道一秒钟的价值，谁善于利用时间，谁的时间就会成为"超值时间"。

在平时的日常工作中，你发现了吗？

每天，你上班的第一件事也许就是打开MSN或QQ，跟朋友闲聊几句，或者再上上开心网，挪挪车位买卖奴隶。

没工作多久，说不定你的朋友就会发给你一个有趣的链接，你放下工作随手打开看看，然后你将这个好玩的链接广泛传播给其他朋友。

觉得工作有点累了，你便到游戏网站里找个好玩的在线小游戏玩上一番，或者跑到文学网站追读一篇你发现的超级吸引人的小说。

第七章 在正确的时间做正确的事

……

一天下来,你感觉自己累得够呛,但工作却没有多大进展,你甚至开始思考要不要通过勤奋加班来换取工作的进展!

到底是什么问题导致的?是你的工作时间还不够长,还是你的工作态度还不够勤奋?

都不是,美国的科技专栏作家麦克·埃尔甘一语道破天机。"网络时代害得我们越来越'分心'!"他说,"你随时可以逛逛好玩的网页,时不时跟朋友通过网络聊聊天,或者爬到Twitter上去写写自己正在干什么,看看好玩的视频,打打小型的网上游戏,你甚至还能在网上购物。你的工作就这样被网络不停地打断了。""仅强调勤奋的工作观已经落伍了,现在是专心工作的时代!你能否抗拒网络干扰已经变得尤其重要。"

所以,问题最终回归到怎样利用时间上。一个人如果不能有效利用时间,那就会被时间俘虏,成为时间的弱者。因为放弃时间的人,同样也会被时间放弃。

在大千世界中,没有什么东西比时间更容易被浪费。

有时候,我们对于时间的有效利用,总是觉得有点力不从心,在规定的时间内没有完成工作,只得通过加班来完成,而长期加班必定又会导致疲惫,并且可能影响到第二天的效率,从而进入恶性循环。我们总感觉每天都有做不完的事情,工作一件赶着一件,却总有欠账。归根到底,其原因是不懂得有效地管理时间,而导致效率下降。在这里,你若想铲除浪费时间的根源,那就要把你时间里头的这些"杂草"都拔掉,把精力和注意力灌溉给会结出果实的主干,只有这样,你才能提高工作效率,享受成功的果实。

那么，那些成功人士在杜绝时间浪费的行为习惯上，又是如何掌控的呢？

一、变"闲暇"为"不闲"

抓住工作时间的分分秒秒。时间是由分秒组成的，用"分"计算时间的人，比用"时"来计算时间的人，时间多59倍。所以，那些善于利用零星时间的人，总会做出更大的成绩来。

琳达受聘于一家顾问公司，平均每年要负责处理130宗案件，她的大部分时间都是在飞机上度过的。琳达认为和客户保持良好的关系非常重要，所以，在飞机上她就给客户们写邮件。一位等候提行李的旅客对她说："在近3个小时里，我注意到你一直在写邮件，你一定会得到重用的。"琳达则笑着回答："谢谢，我早已是公司的副总了。"

二、制定工作计划

时间对于任何人都是相同的，所以要充分的利用好属于你的时间。会不会利用时间，关键在于会不会制定完善合理的工作计划。所谓工作计划，就是填写自己和公司的工作时间表，某年某月某日某时要做什么事，做事的先后秩序，哪个时间段以哪些事为重点，每件事大约花费的时间有多少，规定目标要何时达到等。

但是，让你有计划地利用工作时间并不是要求你把未来的工作时间全部填满工作内容。有计划地利用工作时间，主要是指合理地安排最主要的工作和最关键的问题。这些工作和问题，只要安排得适时和得当，就会像机器的主轴带动整个机器运转那样，促使其他的事情按时完成。一旦有了完整的计划，执行起来就很顺利，这样能节省许多宝贵的时间，充分利用每个单位的时间，避免了其中不合理流程的反复。因此，真正会利用时间的管理者，不是把大量时间花于忙乱的工作中，而是用在拟订计划中。

三、凡事分清轻重缓急

当你抓住利用点点滴滴的时间进行工作的时候，你还应懂得，凡事都有轻重缓急，重要性最高的事情，应该优先处理，不要和重要性一般的事情混为一谈。

有许多人都喜欢从文件堆最上面的一件开始做，结果很可能使堆在下面的旧文件被堆积得越来越久。很多事，如果及时处理就能够很快完成，而被搁置得越久，等你再次解决的时候可能需要更久的时间去做，甚至成为难以解决甚至无法解决的问题。要避免这种错误，你在每天晚上或早晨，先花点时间将你的工作进行浏览和归类，按照轻重缓急依次排好再去分情况处理，而不是同等级别不做区分就埋头去做。

大多数重大目标无法实现的主因，就是因为你把太多时间都花在次要的事情上。所以，你必须学会排定日常工作的优先顺序。然后，按照这个优先顺序把这些事情安排到自己的工作中。你可以将事情按以下几种情况分类。

1. 急迫而重要的，非尽快完成不可的。如方案的制订。

2. 重要但不急迫的。虽然没有设定期限，但早点完成，可以减轻工作负担，增加工作表现。如工作的长远规划。

3. 急迫而不重要的。

4. 既不急迫又不重要的。如"鸡毛蒜皮"的小事。

"分清轻重缓急，设计优先顺序"，是时间管理的精髓。成功人士都是以分清主次的办法来统筹时间的，把时间用在最具有"生产力"的地方。

四、预先规划

"凡事预则立"。如果你能制定一个高明的工作进度表，你一定能真正掌握时间,在限期之内出色地完成你的工作。正如一位成功的职场人士所说:"你应该在一天中最有效的时间之前订一个计划,仅仅20分钟就能节省1个小时的工作时间。"

五、尽量避免干扰

同样的工作时间,同样的工作量,为什么你不能像别人那样在第一时间完成,为什么有的人失败了而有的人却成功了?

亨利·福特这样解释:人们每天花在处理一些没有必要处理的事情上的时间太多,数量说起来实在相当惊人。他还把这些吞噬你时间的琐碎事情列举出来:

打太多的私人电话;

上班时间吃早餐;

上班时间谈论私人事件;

所读的东西没有任何信息,也没有给予任何启发;

把上班时间拿来做白日梦;

在不重要或不值得做的事情上,投注宝贵的时间和精力;

拜访太多的朋友,且拜访时间太久。

这些在我们的工作中很常见,我们也因此浪费了很多时间。列出自己经常浪费时间的清单,将之记住并放在显眼处,时刻提醒自己,避免这些事情"吞噬"你的时间。

最后,是赢取时间的十点建议。

1. 每天早晨比规定时间早15分钟或半个小时开始工作,这样,你可以有时间在全天工作正式开始前,好好计划一下,把该做的事依重要性排列。

第七章　在正确的时间做正确的事

2. 把最困难的事搁在工作效率最高的时候做，例行公事可以选在你精神较差的时候处理。

3. 养成将构想、概念、凭据及资料立即记录下来的习惯。

4. 别让闲聊浪费你的时间。让那些上班时间找你闲谈的人知道，你很愿意和他们谈天，但却应在下班以后。

5. 利用空闲时间。空闲时间应被用来处理例行工作的，假如哪位访问者失约了，也不要呆坐在那里等下一位，你可以顺手找些工作来做。

6. 果断地摆脱琐事。尽快地把事做完，以便专心一致地处理较特殊或富有创造性的工作。

7. 思考。每天花片刻时间思索一下你的工作，看是否能找出各种增进工作方法及满意的灵感。

如果你能做到以上几条，那么你也一定可以好好地利用你的时间，使你的工作效率大大地提高。

总之，当你能够高效率地利用时间的时候，你就会知道一秒钟的价值，算出一分钟时间究竟能做多少事情，这时，成功也就离你不远了。

[第八章]
做事不可不负责

美国麦金莱总统在一所学校演讲时对学生们说:"比其他事情更重要的,是你们需要尽职尽责地把一件事情做得尽可能完美;与其他有能力做这件事的人相比,如果你能做得更好,那么,你就永远不会失业。"当一个人真正把工作当成自己的事,并且对工作充满责任感时,他就能从中学到更多的知识,积累到更多的经验,遇到困难时,他也能找到更多的解决问题的方案,从而一开始就把事情做对。

工作就意味着责任

责任,是工作出色的前提,因此,无论你从事什么样的职业,都应该

大公司跟对人 小公司做对事

尽职尽责地把自己的本职工作做好，因为工作就意味着责任，每一个职位所规定的工作内容就是一份责任。

"工作是需要我们用生命去做的事。对于工作，我们又怎能去懈怠它、轻视它、践踏它呢？我们需要尽职尽责地去把它们做好。"这是美国教育部前部长威廉·贝内特曾经说过的一句话。对每个人来说，责任都是一种与生俱来的使命，它伴随着我们的一生，我们每时每刻都要履行自己的责任，对家庭、工作、社会甚至是生命。也就是说，工作就意味着责任，一个缺乏责任感的员工是没有价值的员工。

所谓责任，就是对自己所负使命的忠诚和信守，就是出色地完成自己的工作。

有些人在日常工作中虽然很聪明，也很能干，但结果却业绩平平，甚至常出纰漏；相反，有些人并无过人之处，但坚毅果断，敢作敢当，并深得同事和上司的信任，在工作岗位上做得非常出色。究其原因，主要就在于责任。前者因为缺乏责任心而对工作马马虎虎，致使工作也做得马马虎虎；而后者对人、对事、对工作有强烈的责任心，所以总能将工作做得非常好，因此他们能获得成功。

身为一名员工，要能清醒地意识到自己的责任，并勇敢地承担责任。任何时候，我们都不能放弃肩上的责任，不管从事什么工作，我们都需要尽职尽责。

北京一辆行驶在高速公路上的公交车，突然减速，并缓缓地停在了路边。车上的司机说了句："难受。"就趴在了方向盘上，失去了意识，后送医院经抢救无效死亡。在他突发心脏病，失去意识的最后一分钟里，他做了三件事：

第八章　做事不可不负责

第一，把车缓缓地停在马路边，并用生命的最后力气拉下了手动刹车闸；

第二，把车门打开，让乘客安全地下了车；

第三，将发动机熄火，确保了车、乘客和行人的安全。

他在做完了这三件事后，才趴在方向盘上停止了呼吸。这名司机姓曹，医学专家事后说："心脏病猝死的人发病时十分痛苦，司机能在最后关头还想到在安全的地方停车，是很不容易的。"相关负责人也表示："曹师傅真的挺仁义的，尽管身体很难受，但还是把车安全地停在了路边，既没发生事故，也没影响交通，更没耽误乘客乘车。"

工作就意味着责任，需要我们尽职尽责地去完成！像曹师傅这样，因为他的尽职尽责，最终救了车上所有乘客的性命。无论你所做的工作是什么，只要你能够尽职尽责地去把它做好，你所做的事情就是充满意义的，你就会获得尊重和敬意。

如果我们每个人都对工作充满着责任感，尽职尽责地去对待工作，那么在出现问题的时候就会设法去解决，就能够排除万难，甚至可以漂亮地完成那些"不可能完成"的任务。但是，如果一个没有责任感的人，是不可能尽职尽责地去对待自己的工作，那么即使是做他最擅长的工作，也会做得一塌糊涂。

在任何一个行业，懈怠、轻视与践踏自己工作的人是不可能有什么大发展的，因此，我们应当全力以赴地将自己的工作做到尽善尽美。责任心是一种下意识的东西，但它也是可以通过有意识的培养获得的。

1. 重视生活中的细节小事

习惯成自然，责任一旦成为习惯，做事认真负责也就逐渐融入到你的生活了。当一个人开始主动工作时，他就不会感觉到麻烦与劳累。实际上，这种训练我们早在学校时就已经接受过了，如按时完成老师布置的作业，遵守学校规章制度等。在工作中，我们同样也应将这一习惯发扬光大。

2. 不要推脱责任

为自己开脱是人类最原始、最基本的防卫本能。人们总是本能地为自己推脱责任："不是我干的！""不关我的事！""这不是我的错！"……这样的结果往往让我们失去别人的信任，因为，只有敢于承担责任的人才能最终赢得别人的尊敬和信任。

3. 对自己的承诺负责

在日常工作中，我们总是轻易地给别人许诺，而许诺过后，等真正去做的时候才发现，要实现这个诺言需要花费很大的力气，存在很大的困难。于是有些人就选择了不遵守自己的诺言，或是干脆置之不理，这将也使自己在老板或同事中的信誉度大打折扣。

做人应当言而有信，尤其是在工作中，对老板或同事许下的诺言都要尽全力去履行，因为你的工作和他们的工作都是息息相关的，如果你一旦信口开河、随意承诺，可能最后也会影响到他们的工作。对自己的承诺负责，既是对别人负责，也是对自己负责。

4. 拒绝依赖他人

有些人习惯在工作中依赖别人，本来自己应该做好的事却处处抱怨他人。比如销售业绩差怪产品不好，和同事关系不融洽怪同事不热情……事实上，我们应该认真查找自己的问题，拒绝依赖他人，对自己负责，这样才能够逐步培养我们的责任感。

5. 将公司兴亡看成是自己的责任

对员工而言，只有公司发展了，员工个人会有更大的发展空间。公司赢利，员工的收入也会得到相应的提高；相反，如果公司不能够发展和赢利，员工的个人利益也就无从谈起。换言之，公司的命运其实就是员工的命运。公司的成功不仅仅是公司管理者的成功，更是每位员工的成功。

很多员工总是认为自己在为公司工作，公司为自己发薪水，这是理所当然、天经地义的事，至于公司如何发展则与自己无关。抱有这种观念的员工没有意识到公司的命运与自己的命运有着千丝万缕的联系，公司的发展不仅有利于公司或管理者，同时也有利于自己的发展。

综上所述，工作就意味着责任，如果一个人希望自己一直有杰出的表现，就必须在心中种下责任的种子，对工作尽职尽责，让责任成为鞭策、激励、监督自己的力量。

把自己当成公司的主人

把自己当成公司的主人，当成公司的一分子，拥有这种主人翁的态度，就能认真地去做好每一件事，对待每一个客户。

英特尔公司的创始人之一的安迪·葛洛夫曾经说过一句话："不管你到哪里工作，都别把自己当成员工，而应该把企业看做自己开的一样，这样才能事事尽心尽责，倾力而为。"除了你自己之外，没有人可以掌控你的事业。

把自己当成公司的主人是一种积极的做事心态，这种心态就是无论老板在与不在，都能主动做事，从不偷懒，而且不管公司碰到什么困难，都能迎难而上，绝不临阵脱逃。如果你能拥有这种心态，想不让老板看重你都很难。

相反，如果你总是认为自己是在为公司做事，为别人工作，将自己置于被动地位，那么你就是公司的仆人。这种心态会让你不仅不能主动工作，而且工作毫无热情，这样又怎能获得老板的欣赏呢？

我们总是说，一流的公司收获的是人才，二流的公司收获的是蠢材。为什么？因为一流的公司培养员工做公司的主人，而二流的公司则培养员工做公司的奴仆。

作为公司的一员，把自己当成公司的主人是做好一切工作的前提。那些把自己当成公司主人的人，总是能够为公司的利益着想，对自己的所作所为负起责任，并且持续不断地在工作中寻找解决问题的方法。主动维护公司利益，才能够顾全大局，正确处理个人与公司利益的关系，坚决抵制破坏公司利益或公司形象的行为。

王孟在一家大型商场上班，具体工作是记录顾客的购物款，他一向认为自己是一个好员工。有一天，王孟正在和一位同事闲聊，这时经理走了进来，环顾四周后，便示意王孟跟着他。经理边走边动手整理那些订出去的商品，然后走到食品区，开始清理柜台，将购物车清空。

王孟惊讶地看着这一切，明白了经理是在用行动告诉他："你是商场的主人，你的工作应该是积极主动的。"

这些工作可能不是王孟平时的本职工作，但他是公司的一员，就应该以主人翁的精神对待自己的工作。把自己当成公司的主人，就会有主人翁精神，固然这是有"奉献"的一面，但在你的"奉献"为公司创造了利润的同时，自己也会有实实在在的收获。

员工把自己当成公司的主人，受益最大的是自己。

第八章　做事不可不负责

董明珠就是靠着把自己当做企业公司主人的责任感，一步一个脚印地从一名普通的销售人员做起，最终当上了当今中国最大的空调企业——珠海格力电器股份有限公司总裁。

从董明珠进公司的第一天开始，她就把自己当成了公司的主人，把公司的事当成自己的事去认真对待。她刚到公司时，被派到安徽省去做销售员。当时公司有一笔数额巨大的欠款，这笔欠款是前任销售员留下来的，其实她大可不必理会，花时间做属于自己的事，专攻属于自己的业绩就行了。但她还是决定把欠款要回来，因为她觉得作为公司的一员，她有责任为公司的利益着想。

要回欠款是一件苦差事，可以说，她讨债的40多天是她最艰难的阶段，最后，这笔欠款要回来了，不仅给公司带来了销售业绩，也使她在经销商圈子里获得了良好的口碑。但也正是这种艰难让她下定决心在以后的工作中要避免这类事情的发生，让她产生了采用"现金交易"的方式来做销售的想法。虽然这样做是有难度的，可是她认为这种方法是可以人为掌握的，她认为与要欠款比较，收现金的困难度要低一些，因此，她决定采取这种方法来做销售。接下来，她主动积极地把以前以"卖方"为主导的做法，转换成以"买方"为主导。虽然她不是公司的老板，但她却把这件事当成自己的事来对待，她经常主动去拜访她的经销商，还和经销商一起站店面，把她的第一张订单卖掉。她的真诚换来了客户对她的信任，终于，她在安徽打胜了她人生的第一仗。后来，她独创的区域销售公司模式被经济界和理论界誉为"21世纪经济领域的全新革命"。

像董明珠这样把公司的事当成自己的事一样对待，事事都会为公司利益着想的员工，无论走到哪里都会得到重用的。因为所有的公司，所有的管理者，都愿意得到这样的员工，并放心将公司的事务交给他们来管理。

如果现在你还是公司里一个名不见经传的小职员，或工作了很久却依然是一名毫无起色的老员工，那么，一定不要局限于眼前的一切，不要感叹自己的处境，而要明白这是一个从平凡到卓越的修炼过程。如果你能在工作中拥有"做公司主人"的心态，那么，你一定能获得一种前所未有的工作乐趣，也能获得尽可能多的机遇和发展的空间。

那么，怎样才能培养自己做公司主人的心态呢？

（1）对公司的事情负责，勇于承担责任。

（2）凡事讲究成本。做事之前要先进行成本估算，清楚怎样做才能更省钱，怎样做才有更大的赢利空间，时刻以公司利益为重。

（3）效率至上。凡事不拖沓，讲求实效，雷厉风行，重视信誉。

（4）抱着完美主义的心态做事，务求尽善尽美。

总而言之，当你把自己当成公司的主人，公司就是你的家，你就会对它的一草一物都充满感情，你会非常珍惜这份工作，你会一有机会就关注公司的一切信息，时时刻刻关心公司发展，遇到什么问题会立即找相关部门协调，你在工作中的状态会很不一样，会尽心尽力，认真负责。

一盎司的责任胜过一磅的能力

责任要远远地胜过能力。一个人如果缺乏责任意识，那么他的其他能力也就失去了用武之地。那些不担负起自己责任的人，即使工作一辈子，也不会有出色的业绩。

第八章 做事不可不负责

有一位伟人曾经说过:"人生所有的履历都必须排在勇于负责的精神之后。"因为责任能够让一个人具有最佳的精神状态,要想成就事业,责任心是必不可少的。勇于承担责任,不仅能赢得别人的尊重和信任,还是对自己的一种考验和锻炼。

承担责任并不是件轻松的事情。这是因为,首先,承担责任是对你的价值和能力的一种肯定和证明,如果你不具备承担责任的能力或者做不好这件事,别人自然也不会让你承担责任。其次,承担责任肯定会让别人从你这里获取到幸福和满足,一个能让别人幸福和快乐的人是值得尊重的,同时这也可以满足你自尊的需要。再次,如果你认为承担责任是一种快乐和幸福,你就不会因为压力而感到郁闷和沉重。

事实上,古往今来,不管是哪行哪业,那些被赋予更多使命的人,也都是能够勇于承担责任的人,也只有他们才有资格获得更大的荣誉。一个缺乏责任感、不负责任的人,首先失去的是社会对自己的基本认可,其次失去了别人对自己的信任与尊重,甚至也失去了自己的信誉与尊严。

清醒地意识到自己的责任,并勇敢地扛起它,对自己还是对社会都将是问心无愧的。人可以不伟大,也可以清贫,但不可以没有责任心。任何时候,我们不能放弃肩上的责任,扛着它,就是扛着自己生命的信念。

小王毕业后应聘到一家公司工作,几天后,他发现公司的员工都住着公司的宿舍,只有他租房住。他找到经理提出想搬进公司宿舍居住的要求,经理说一时安排不下,叫他等待。但一个月之后,小王依旧没有搬进公司的宿舍,于是,他开始对工作产生了抵触情绪,慢慢地失去了对工作的责任心,整天想着住宿的事情。

大公司跟对人
小公司做对事

　　由于失去了对工作的责任心，小王工作经常出错，经理常常责怪他。其实小王也想做好工作，可一想到全公司就自己还得出钱租房，心中就十分不快，结果工作越做越差，最后不得不离开了公司。

　　此后，小王回到家乡的一家企业工作，因为可以和家人团聚，所以他很珍惜这次机会。虽然要和全家人挤在一套小房子里，但小王从来不叫苦，在认真负责地完成自己本职工作的同时，还在工作上进行大胆创新。因为他突出的表现，多次受到领导的表扬。国庆节后的一天，领导把他叫到办公室，笑着说："小王，你来这里一年，工作非常认真负责，为我们企业做出了杰出的贡献。领导对你的表现非常满意，决定分给你一套住房。"小王大为惊讶，他没有想到自己的认真负责能够换来如此大的回报。

　　这个故事很有启发意义。小王因为工作态度的转变，使得自身的才能得到了充分发挥。促使他表现突出的关键因素，就是他被重新唤起的对工作的责任感。

　　然而，让我们感到万分遗憾的是，在现实生活以及工作中，责任经常被忽视，人们总是片面地强调能力。

　　在这个世界上，并不缺乏有能力的人，那种既有能力又有责任感的人才是每一个企业都渴求的理想人。因此，每一名员工都要有强烈的责任意识，有责任感的人不论能力怎样，都会受到老板的重视，公司也会乐意在这种人身上投资，因为这种员工是值得公司信赖和培养的。

　　当然，强调责任比能力更重要并不是对能力的否定。一个只有责任感而无能力的人，是无用之人，因为责任需要用业绩来证明，业绩是靠能力去创造的。

　　在南太平洋潘特考斯特岛上，人们为了确保山芋丰收，便举行一种以高空弹跳来取悦神灵的古老仪式。

第八章　做事不可不负责

弹跳者仔细挑选地点，他们用树枝及树干来搭建高塔，然后用藤蔓把整个跳台捆束妥当。每个弹跳者都要为塔尖工程负责，如果有任何差错，没有任何人会代他负责，当然也没有人能抢去弹跳成功的功劳。

弹跳者要选择自己使用的跳藤，确定恰到好处的长度，让自己在以头朝下脚朝上的姿态坠落时，头发刚好擦到地面。如果跳藤太长，表示会有一次致命的坠落，太短则会把弹跳者弹回平台。这些都可能会对他今年的收成有不利的影响。

在指定的当天，弹跳者爬上65尺到85尺的跳塔，绑上他所挑选的藤条，踏上平台，来到高塔最狭窄的一端，然后纵身跃下。

弹跳者可以在最后一刻改变主意，放弃弹跳，这样也不会被认为是件耻辱的事。但大部分人愿意做这件事，愿意100%地为自己的行为负责。

责任如此重大，竟可以与生命等价！

事实上，你承担的责任越多，你处理事情的能力就越强。每个人来到这个世上，都需要承担责任，不敢承担责任的人生是脆弱的，只有碌碌无为、鼠目寸光、不思进取的人才逃避和推卸责任。勇于承担责任，能获得别人的尊敬和信任，获得成就感和自豪感。成功的人不仅承担责任，他们还希望增加责任，以便激发更多的潜力。

综上所述，责任要胜于能力，一盎司的责任胜过一磅的能力。

糊弄工作就是糊弄自己

工作就像一面镜子，你糊弄它，它就会糊弄你。因此，在你的工作中，

大公司跟对人 小公司做对事

没有可以随意糊弄的事情，种下什么种子，将来必定收获什么样的果子。

在我们的身边，经常会遇到一些员工抱怨老板太苛刻，整天像监工一样监督自己；或是老板抱怨员工不能尽职尽责，一转身的工夫就糊弄工作，没有监督就没有工作。

确实，可能有些老板喜欢时刻盯着员工的一举一动。但是，作为员工，自己是否确实将工作做好了而不是糊弄呢？任何人都无法否认，糊弄工作是如此普遍地存在于各个公司和组织之中，已经成为当今社会的痼疾。

世界上绝顶聪明的人很少，绝对愚笨的人也不多，一般人都具有正常的能力与智慧。但是，为什么许多人却无法取得成功呢？

很多看起来很有希望成功的人，他们看起来能够成为而且应该成为各种非凡的人物，但是，他们最终并没有成功，原因何在呢？

一个最重要的原因就在于他们糊弄工作，不愿意付出与成功相应的努力。他们希望到达辉煌的顶峰，却不愿意经历艰难的道路；他们渴望取得胜利，却不愿意作出牺牲。糊弄工作、投机取巧成了一种普遍的社会心态，而成功者的秘诀就在于他们能够摒弃这种心态。

有这样一个故事：

有一段时间，老农夫一直用牛和骡子一起耕地，耕作工作相当辛苦。

年轻的小牛对老骡子说："今天我们装病吧，休息休息。"

老骡子却答道："不行呀，我们还是努力把工作做好吧！因为耕种的季节很短呀，做完了就可以好好休息了。"

但小牛不听，最后还是装病休息。为此，农夫给它弄来新鲜的干草和谷物，尽量让它舒服些。

第八章　做事不可不负责

等老骡子耕种回来，小牛便向老骡子询问地里的情况。

老骡子回答道："没有我们俩在一起时耕种得多，但也耕种了不小的一段距离。"

小牛又问老骡子："主人说我什么没有？"

"没有。"老骡子回答。

第二天，小牛还想偷懒，就再次装病。当老骡子从田间回来时，小牛又问老骡子："今天怎么样？"

"还不错，我认为。"老骡子答道，"但耕种得还是不太多。"小牛又问道："主人说我什么了吗？"

"啥也没有对我说，"老骡子说，"但是，他却停下来和屠夫说了好长时间的话。"

的确，糊弄工作、投机取巧也许能让你获得一时的好处，但是从长远来看，对你则是有百害而无一利。

无论在什么地方，那些糊弄工作的人都是无法得到重用的。对于一个公司来说，拥有优秀的员工，公司的发展才能蒸蒸日上。如果公司内有太多的"糊弄员工"而不及时剔除的话，那么就会像一个烂苹果迅速使箱子里的其他苹果也腐烂掉一样，他们也会使企业慢慢腐蚀掉。

其实，工作就像一面镜子，你用什么样的态度对待它，它就会怎样对待你。

亨利和阿尔伯特是同班同学，两个人大学毕业后，恰逢英国经济动荡，都找不止适合自己的工作，便降低了要求，到同一家工厂应聘。恰好，这家工厂缺少两个打杂的职员，问他们愿不愿意干。亨利思索了一会，便下定决心干这份工作，因为他不愿意依靠领取救济金生活。

尽管阿尔伯特根本看不起这份工作，但他迫于生计愿意留下来陪亨利

大公司跟对人 小公司做对事

一块儿干一阵子。因此，阿尔伯特上班时懒懒散散，每天打扫卫生敷衍了事。一次，两次，三次，老板认为他刚从学校毕业，缺乏锻炼，再加上恰逢经济动荡，也同情这个大学生的境遇，便原谅了他。然而，阿尔伯特内心深处对这份工作抱着很强的抵触情绪，每天都在应付自己的工作。结果，刚干满3个月，便被老板辞退了，又回到社会上，重新开始找工作。当时，社会上到处都在裁员，哪儿又有适合他的工作呢？他不得不依靠社会救济金生活。

相反，亨利在工作中，抛弃了自己作为大学生高等学历拥有者的身份，完全把自己当做一名打扫卫生的清洁工，每天把办公走廊、车间、场地都打扫得干干净净。半年后，老板便安排他给一些高级技工当学徒。因为工作积极，认真勤快，一年后，他便成为老板的助理。而阿尔伯特此时才刚刚找到一份工作，是一家工厂的学徒。但是，他认为自己是高等学历拥有者，应该属于白领阶层。结果，在自己的工作岗位上，仍然把活干得一塌糊涂，终于在某一天又回到街头去寻找工作。

故事中阿尔伯特的情况在职场上并不少见，"阿尔伯特"式的员工在职场也比比皆是。但这种不负责、不认真或者是自以为是的行为会造成一些很不好的影响或后果，在你以后的人生道路上，不一定在什么时候，突然显现出来，令你对当年的行为追悔莫及。

因此，在你的工作中，没有可以随意打发糊弄的事情，你种下了什么样的种子，将来必定收获什么样的果子。

还有一些人，本来拥有出众的才华，光明的前途，但在工作中却不愿意付出相应的努力，结果一事无成。生活中的无数实例都生动地证明了这样一个道理：如果你糊弄了工作，可能在表面上看起来会节约一些时间和精力，但结果却会浪费你更多的时间、精力和金钱。

第八章 做事不可不负责

在职场中，只有认真工作才是真正的聪明。职场中提升最快的往往是那些工作认真、踏实肯干的人。而那些表现欠佳，应付公司、糊弄工作的员工，也往往是公司最先考虑辞退的对象。

综上所述，糊弄工作就是糊弄自己，因为今天你糊弄工作，明天工作就会"糊弄"你。

不要为自己的失误辩解

在工作中，犯错在所难免，犯了错也并不可怕，关键是要能够坦然面对自己的失误，并采取积极的措施予以补救，这样，你不仅会得到他人的谅解，还可以获得他人的尊重。

常言道："智者千虑，必有一失。"即使是再聪明、再能干的人，也总有失败犯错误的时候。日本著名的首相伊藤博文的人生座右铭就是"永不向人讲'因为'"。将这句话放到工作中，就是不要急于为你的失误辩解。

可是我们工作中出现失误在所难免，当我们出现了失误怎么处理呢？是急于解释失误的原因，还是赶紧弥补失误，亡羊补牢，将事情引向成功呢？

正确的答案当然是后者。这是一个浅显的道理，但即便如此，在实际工作中，很多人总是喜欢一再地解释，为自己的失误做辩解。但这时的解释往往是苍白无力的，没有任何作用。既然已经做错了，最好的办法就是

大公司跟对人 小公司做对事

老老实实地认错，而不是去为自己辩护和开脱。

但有些人往往喜欢在工作中出现错误时，找出一大堆理由来为自己辩解，并且说起来振振有词、头头是道，他们认为这样就能让自己的错误减小，甚至是把自己的错误掩盖，把责任推得干干净净，但事实并非如此。也许老板会原谅你一次，但他也肯定会对你产生不好的印象。你为自己辩护、开脱，不但不能改善现状，而且有时所产生的负面影响还会让情况更加恶化。

某工程师毕业于名牌大学，他有学识，有经验，但有一个致命的缺点，就是犯错后总是喜欢自我辩解。他刚应聘到一家工厂时，厂长对他很信赖，事事让他放手去干。结果，在办事的过程中出现了很多错误，而且有些还是由于这位工程师的失误造成的，可他总是找一条或数条的理由为自己辩解，不愿意承认是自己的原因造成的错误。因为厂长并不懂技术，更常被他驳得无言以对、理屈词穷。最后，厂长终于在无法容忍之下，让他卷铺盖走人。

像这位工程师一样，有许多人都认为承认错误有失自尊，面子上过不去，害怕承担责任，或是受惩罚。其实事情恰恰相反，能勇敢地承认自己的错误，坦诚地面对它，不仅能弥补错误所带来的不良后果，而且还能让自己在今后的工作中更加谨慎行事，同时别人也会很痛快地原谅你的错误。

约翰是一家商贸公司的市场部经理。在他任职期间，曾犯了一个错误，他没经过仔细调查研究，就批复了一个职员为纽约某公司生产5万部高档相机的报告。然而等产品生产出来准备报关时，公司才知道那个职员早已被"猎头"公司挖走了，那批货如果运到纽约，就会无影无踪，货款自然也会打水漂。

第八章 做事不可不负责

约翰一时想不出补救对策,一个人在办公室里焦虑不安。这时老板走了进来,见他的脸色非常难看,就想问他是怎么回事。还没等老板开口,约翰就立刻坦诚地向他讲述了一切,并主动认错:"这是我的失误,我一定会尽最大努力挽回损失。"

老板被约翰的坦诚和勇于负责的勇气所打动,答应了他的请求,并拨出一笔款让他到纽约去考察一番。经过积极的努力,约翰联系好了另一家客户。一个月后,这批照相机以比那个职员在报告上写的还高的价格转让了出去。约翰最终得到了老板的嘉奖。

松下幸之助曾说:"偶尔犯了错误无可厚非,但从对待错误的态度上,我们可以看清楚一个人的责任感。"的确,只有那些能够正确认识自己错误,并及时改正错误以补救的人才是组织中最受欢迎的人。

陈任和张明新到一家速递公司,被分为工作搭档,他们工作一直都很认真努力。老板对他们很满意,然而一件事却改变了两个人的命运。一次,陈任和张明负责把一件大宗邮件送到码头。这个邮件很贵重,是一件古董,老板反复叮嘱他们要小心。到了码头陈任把邮件递给张明的时候,张明却没接住,邮包掉在了地上,古董碎了。

老板对他俩进行了严厉的批评。"老板,这不是我的错,是陈任不小心弄坏的。"张明趁着陈任不注意,偷偷来到老板办公室对老板说。老板平静地说:"谢谢你,张明,我知道了。"随后,老板把陈任叫到了办公室。"陈任,到底怎么回事?"陈任就把事情的原委告诉了老板,最后陈任说:"这件事情是我的失职,我愿意承担责任。"

陈任和张明一直等待处理的结果。几天后,老板把陈任和张明叫到了办公室,对他俩说:"其实,古董的主人已经看见了你俩在递接古董时的动作,他跟我说了他看见的事实。还有,我也看到了问题出现后你们两个人的反应。我决定,陈任留下继续工作,用你的努力来偿还公司的损失。张明,明天你不用来工作了。"

公司最后选择了陈任做客户经理是明智正确的,因为陈任勇于担当,并能为他人着想。而张明则不敢担当,害怕承担责任,所以被扫地出门、清退回家。

人们往往害怕承认错误。因为承认错误往往与接受惩罚相联系。人们通常愿意对那些运行良好的事情负责任,却讨厌对那些出了偏差的事情负责任。其实在面对错误时,我们也可以让人们看到你如何承担责任,如何从错误中吸取教训,这样的话,你也一定会被每一个人尊重。

无论身在何种性质的企业,无论你的职位高低、能力大小,也不管岗位职责、管理幅度宽窄,我们都必须立足本职,肩负起应有的责任,要对得起那份薪水和良知。

在工作中,每个人都会犯错误,犯错误不可怕,可怕的是犯错后还找各种借口推卸责任,不敢承认。其实,犯错后最关键的是找到问题的根源所在,解决问题,使下次不要再出现同样的错误,这才是最为重要的。

综上所述,在工作中,千万不要总是急于为自己的失误进行辩解,要勇敢地承认自己的失误,同时让人们看到你如何承担责任,如何从错误中吸取教训,这样,说不定你不但能够摆脱困境,还能因祸得福。

责任带来机遇

在工作中,任何牢骚、消极、懈怠,都只能是害人误己,是对自己和

第八章 做事不可不负责

公司的不负责。只有把该做的工作当作不可推卸的责任，投入地去做，才是正确与明智的选择。

责任带来机遇，能够拥抱责任的人，实际是抓住机遇的人；而那些逃避责任的人，看似世事通达，实际上是他们自己放弃了自己的机遇。"机遇"总是藏在"责任"的深处，只有那些真正聪明的人，才能够看到它的所在。

当你觉得自己不如别人幸运，缺少机遇或职业道路不顺畅时，不要抱怨他人，先拍拍胸口问问自己，你是否承担了责任。

人们总是本能地规避责任，这也可以说是人的一种劣根性。如果我们不需承担责任，却能轻轻松松地领取薪水，当然是一件快意的事情，就像滥竽充数的南郭先生一样，在未被发现的时候能够惬意地混着。但是，这样的事情是绝对无法长久的，不愿意承担责任的人，早晚会被扫地出门，即使侥幸没有被赶走，也会因为长期不承担责任、得不到锻炼而使自己的能力退化，最终也是被淘汰的命运。而那些在工作中主动负责的人，机遇随时都有可能来敲门。

约翰·格兰特最初在一家五金商店工作的时候，每周的薪水只有2美元。他刚进店时，老板就告诉他说："你必须对这个生意认真负责、熟门熟路，这样你才能成为一个对我们有用的人。"

"一周2美元的工作，还值得认真去做？"与格兰特一同进公司的年轻同事不屑地说。

然而，格兰特却将这个简单得不能再简单的工作干得非常用心。

他在仔细观察了几个星期后，注意到每次老板总会认真检查那些进口的外国商品的账单。而那些账单使用的都是法文和德文，于是，格兰特开始学习法文和德文，并开始仔细研究那些账单。一天，老板在检查账单时

大公司跟对人 小公司做对事

突然觉得特别劳累和厌倦，格兰特便主动要求给老板帮忙，结果他很认真地检查完那些账单，让老板非常满意。由于他干得非常出色，所以之后的账单检查自然就交由格兰特接管了。

一个月后的一天，老板将他叫到办公室，对他说："格兰特，公司打算让你担任主管外贸。这个职位相当重要，我们需要一个认真负责、能胜任的人来主持这项工作。目前，在我们公司20名与你年龄相仿的年轻人中，只有你看到了这个机会，并凭你自己的努力抓住了它。好好干吧，小伙子！"

于是，格兰特的薪水很快就涨到每周10美元。一年后，又涨到了每周180美元，并经常被派驻法国、德国。他的老板认为："约翰·格兰特很有可能在30岁之前成为我们公司的股东。"

约翰·格兰特正是从平凡的责任中看到了自己的机遇，并尽量使自己有能力抓住这个机遇。我们在年轻的时候总是充满梦想，但梦想只有在脚踏实地的工作中，甚至是日常被我们忽略不计的责任中才能得以实现。许多浮躁的人也曾有过梦想，却始终无法实现，最后只剩下牢骚和抱怨，但那些能够抓住梦想、抓住机遇的人，很多其实是从最小的责任开始的。

一个普通员工小刘在谈到她被破例派往国外公司考察时说："我和某位同事虽然同样都是研究生毕业，但我们的待遇并不相同，他职位高一级，薪金高出很多。庆幸的是，我没有因为待遇不如人就心生不满，仍是认真负责地做事。当许多人抱着多做多错、少做少错、不做不错的心态时，我尽心尽力做好我手中的每一项工作。我甚至会积极主动地去找事做，了解领导有什么需要协助的地方，事先帮领导做好准备。在后来挑选出国考察人员时，我是唯一一个资历浅、级别低的普通员工，这在公司里是极为少见的。"

第八章 做事不可不负责

责任和机会的关系，分析起来有三种情形。

一、责任与机会合二为一。比如，某公司有一个重要项目需要实施，董事长提出竞争上岗，谁做好了，谁就是下任项目主管。谁都看得出来，做好项目既是责任也是机会。

二、责任中隐藏着机会。比如，老板对一位员工说："你去开发东北市场。"表面看来，老板是给员工一个任务，实际上是给了员工一个机会，因为如果开发东北市场成功了，这位员工可能会被提拔为东北市场总经理。

三、机会中隐藏着责任。比如，老板任命某员工为经理。从表面上看，这是一个机会，事实上，它同时又有责任，抓住做经理这个机会，同时也就意味着要承担起一个合格的经理应当承担的责任。

上面三种关系，归纳起来实际上就是一种关系："责任就是机遇"，或者说"拥抱责任就是拥抱机遇"。

但是"机遇在哪里"，这是很多人，尤其是年轻人经常挂在嘴边上的一句话。事实上，机遇在每一个人的身边。之所以很多人抱怨机遇太少，是因为很多人没有认识到责任就是机遇，见到责任就躲，结果把机遇也躲掉了。

要知道，责任和机遇是成正比的。没有责任就没有机遇，责任越大也表示你的机遇越多，责任越小机遇也越少。因为机遇从来不是独来独往，它要么牵着责任的手，要么和责任合二为一。所以，拥抱责任就是拥抱机遇。

[第九章]
做事要做得恰到好处

恰到好处是不走极端、不和稀泥。在职场上,做事就要做得恰到好处,这是我们能够达到成功的大智慧。

把事情做到位

无论做什么事,都应精益求精,把事情做到位。只有把工作做好了,才能提高工作效率和工作质量,才能获得晋升和加薪的机会。

对员工来说,能够做好自己的工作,是实现职业理想的第一要素。而

大公司跟对人

小公司做对事

将事情做到位,是企业对员工的要求,任何一个公司都需要能把事情做到位的员工。

海尔集团总裁张瑞敏有一句话很能引起我们的深思:如果让一个日本人每天擦六遍桌子,他一定会始终如一地做下去;而如果是一个中国人,一开始他会安排擦六遍,慢慢地他就会觉得五遍、四遍也可以,最后索性不擦了。这也是中国人做事的最大毛病,在我们平时的工作生活中经常见到做事不认真、不到位的人。殊不知,如果我们的工作每天都欠缺一点,天长日久,最后就会落后别人很多。

有一次,希望集团总裁刘永行到韩国的一家面粉企业参观。这家面粉厂属于西杰集团,厂里只有66名雇员,但每天处理小麦的能力是1500吨。这工作效率之高令刘永行惊叹不已,因为在中国,相同规模的企业一般日生产能力只有几百吨,但员工人数却有上百人。希望集团的效率要比国内同行业标准高一些,但是250吨日处理能力的工厂也有七八十名员工,日生产能力却仅有韩国工厂的六分之一。

之后,刘永行与这家工厂的管理层进行了深入的交谈,发现他们也在中国内蒙古的乌兰浩特投资办过厂,当时分厂的日处理能力为250吨,员工人数却高达155人。同样的投资人,设在中国的工厂与韩国本土的工厂生产效率居然相差了10倍,效益自然也不会太理想,后来总公司觉得没有改善的可能性,就将工厂关闭了。

在设备上,韩国本土的工厂是20世纪80年代投入生产的,而内蒙古的合资厂却在90年代建起来的,设备比原厂还先进。在管理方法上,工厂的主要管理层基本上都是韩国人。

后来,刘永行遇到了那位曾在内蒙古负责的韩国厂长,他特意请教这位厂长:"为什么同样的设备、同样的管理,设在中国的工厂却需要雇佣那

第九章　做事要做得恰到好处

么多人呢？"

那位厂长回答很含蓄："也许是中国人做事不到位吧。"

仔细想想，中国人与韩国人在做事的态度上无疑存在很大的差距。韩国人做事总是手脚不停，无论是工人还是管理人员，做完了手头的工作，就一定会安排别的事做。而在中国，大部分企业的员工，还存在把自己的事情做得差不多就够了的想法，所以效率自然就低了。

这些现象，我们在日常工作中都能经常遇到，如只管上班不问贡献，只管接受指令不管结果，缺乏对结果负责的认真态度。敷衍了事，是一些员工常犯的毛病。他们做一天和尚撞一天钟，对于组织布置的工作，从不认真去做，而是敷衍塞责，做一些表面文章来应付。

身在职场，要把任何事情都做得精益求精。成功往往与精确的行动有关，那些粗糙的行为只能导致很高的错误率。凡是成功者，在工作中，都有追求精确的精神。

亚历山大·格雷厄姆·贝尔是电话的发明者。在当年，贝尔宣布他发明了世界上第一部电话机，在申请专利时，一位名叫莱斯的科学家却将贝尔告上了法院，他声称电话机的发明权应该归他所有，贝尔剽窃了他的发明。

但经过法院调查和鉴定证明，在贝尔之前，莱斯确实已研制成功一种利用电流进行传声的装置。这种装置能把声音传到1000米以外，不过它仅能单向传送，而且声音断断续续，实用性不强。而"贝尔电话"却可以令双方流畅地进行通话。于是，法院和科学家都断定，这种装置还不能被称为电话机，贝尔才是电话发明专利的拥有者。可是莱斯还是坚持声称是贝尔剽窃了自己的发明。

贝尔没有说话，只是微笑着，当着法官和莱斯的面，从怀里掏出一

大公司跟对人 小公司做对事

把小螺丝刀，把"莱斯装置"上的一颗螺丝钉往里拧了二分之一圈——大约5丝米。只是5丝米，5个万分之一米，也就是半毫米，"莱斯电话"居然可以进行双方通话了！如此神奇的变化让在场的所有人都目瞪口呆。

无论做什么工作，都应精益求精，把工作做到位，贝尔成为电话的发明者，其实也就是因为他比莱斯多做了一步，将他的工作做到位了，而莱斯则因为那5丝米的差距与电话发明者的身份和荣誉擦肩而过。

无论做什么事，都应精益求精，把事情做到位。只有把工作做好了，才能提高工作效率和工作质量，才能获得晋升和加薪的机会。

齐格勒说："如果你能够尽到自己的本分，尽力完成自己应该做的事情，那么总有一天，你能够随心所欲从事自己想要做的事情。"反之，如果你凡事敷衍了事、得过且过，不愿意努力把自己的工作做好，那么你永远无法达到成功的顶峰。而对这种人，任何老板都不会重用他的。

任何一家想在竞争中取胜的公司都必须先设法使每个员工精益求精、做到最好。没有精益求精、做到最好的员工，公司就无法给顾客提供高质量的服务，就难以生产出高质量的产品。当员工将精益求精、做到最好变成一种习惯时，就能从中学到更多的知识，积累更多的经验，就能从全身心投入工作的过程中找到快乐。在这复杂多变的竞争环境中，我们需要做事精益求精的人。

确实，在社会中，每个人都有自己的职位，也都有自己的做事准则。如医生的职责是救死扶伤，军人的职责是保卫祖国，教师的职责是培育人才，工人的职责是生产合格的产品……每个人因为在社会上的位置不同，其职责也有所差异，但不管你处于什么位置，都有一个最起码的要求，那就是把事做到位。

找准问题的病根儿

"千里之堤,溃于蚁穴",在我们平时的工作中,那些看上去很小很平常的一些问题,可能正是致命的问题,因此,及时发现问题,找到问题的病根儿,就显得尤为重要。

我们在工作中总是会遇到各种各样的问题,一些大问题往往能得到妥善的处理,反而是一些常见的问题人们视而不见。这些问题虽然看上去很小,但有时却能产生很大的影响,警觉的人会想办法避免它们发生,可是被这些问题缠绕、误入其中的人依然很多,如果不及时自省,它们对你的危害就可能越来越大。

要解决这些问题,就要找准问题的病根。

推脱责任

在日常工作中,每个人都难免出现失误,如果在问题发生后,一味地怪罪别人而不想法解决,就是不负责任的表现。

如当上司指责你工作中的错误时,你会为自己找许多借口,如"别人不采纳我的意见","我是按照公司的要求做的"等,可能上司会原谅你一次两次,但他心中对你的印象一定会不好。如果你经常这样做,所产生的负面影响会让情况更加恶化。如果以后出现问题,你还是这样推脱逃避,令上司无法信赖,那么你的职业前途就岌岌可危了。

英国大都会总裁谢巴尔德有一句名言:"要么奉献,要么滚蛋。"他总是一再强调:"在其位,谋其政,不要找任何借口说自己不能够,办不到。"

他认为员工不能因干不好工作而找理由推脱责任。

一次，一个员工为了一件极难办的事找他，这个员工找了许多客观理由，说自己已经尽力了，还说这件事无论怎样都"办不到"。谢巴尔德听后觉得这个下属就是怕得罪人，于是就轻声对他说："够了，够了，现在我需要的不是这些好理由，而是要你仍旧照我的命令去做，否则，你就别做这个部门的经理。"

谢巴尔德的做法让下属明白，自己应该承担的责任就该负责，而不能随便找个理由推脱，这样才是一个称职的员工。

人们都不希望在工作中出现失误，但是人无完人，错误在所难免。我们只有在有错误发生时去努力承担，并弥补错误，这样可以给人一种负责任的印象。一个不负责任的员工很容易失去老板对你的信赖，看低你的道德品行，一旦老板对你有了这种印象，就不会再对你委以重任。

要想赢得别人的信任，成为一个敢于负责任的人，就必须改掉推脱责任的坏习惯。犯了错时，先检查一下自己的行为，如果自己确实有错误的地方，就勇敢地承担责任，诚恳地承认错误，并且要改正自己的行为，积极地寻求补救的办法。即使错误确实不是由于自己的过失造成的，那你也要先着眼于整个公司的利益进行处理。聪明的员工，要勇于承担起自己职责范围内的责任，积极地寻找并把握谋求公司利益的机会。也只有这种员工，才是老板心目中值得栽培的人才。

让恐惧统治自己

在工作中，有时我们会莫名地恐惧，怕这怕那，它让很多人在挑战面前莫名其妙地退却，妨碍你更好地利用、把握时机。

在工作中，恐惧的理由有无数种，比如：害怕犯错误，担心该做的工

第九章 做事要做得恰到好处

作做不好，觉得自己可能会被公司开除，害怕同事在上司面前打你的小报告，等等。这些恐惧想法使你变得神经兮兮，处事盲目，心中充满了各种担忧和恐慌。有时甚至没有具体、实际或明显的理由，你还是会感到莫名的恐惧。这些障碍最后导致你不愿意在工作中冒任何风险。

凯利是某保险公司的员工，但他遇事总是很容易产生恐惧心理。每做一件事情，他就担心别人对他的评价不好。一想到别人可能会提出反对意见，否定他的做法，他就大受影响，于是本来很容易就做好的事情也做不好了。他总认为自己长得其貌不扬，又没有亲和力，觉得自己没有什么优点，一无是处，也就不再敢与客户接触。更严重的是，有时上司无意中的一句冷语，一个漠然的表情，都会让他产生失业的恐惧。结果，他的业绩总是不能让人满意，而上司真的开始考虑是否要继续聘用他了。

毫无疑问，凯利是自我恐惧心理的牺牲品。恐惧会使人们的潜能无法正常地发挥。其实，这不是工作或社会环境为你设下的壁垒，而是你自己为自己画下的"地牢"。

在做工作时，每个人心中都会或多或少的有些恐惧，你可以利用行动平抚焦虑不安的情绪，提升信心，在锻炼中不断战胜内心的恐惧。

当你接手一项你没有把握的工作时，你要记住一定要马上行动，不再犹豫。即使第一次没做好，你也不要被恐惧吓倒，要认真分析一下问题的症结所在，如果你实在找不出解决问题的方法，可以与同事讨论或向上司请教，赢得他们的支持，然后再去做。

不善于与他人合作

如今，有许多人在工作中忽略了应有的合作意识，不善于与人合作，而只是专心致力于自己的工作，希望用自己的工作成绩来赢得老板的青睐。

但是，现实却往往会令他们非常失望。作为一个个体，不管你多么才华横溢，但一个人的力量毕竟有限，仅靠自己是很难做出令人满意的业绩。

在专业分工越来越细的今天，靠一个人的力量是无法应对千头万绪的工作的。在任何一家公司里，几乎没有一件工作是一个人能独立完成的，大多数人只是在高度分工中担任一部分工作。如果你不能与人合作，那么你的前途必将是黯淡的。

某家生产汽车电器产品的公司，有一个业务科负责采购某一原材料的采购员因病住院了，无法及时回公司采购生产急需的原材料，但科内其他采购员只愿忙自己的工作任务，不愿出面帮忙，他们出色地完成了自己负责的采购任务，其原材料堆在仓库里一年都用不完。但由于那位采购员生病住院了，他所负责采购的原材料没能及时供应上来，结果造成公司因缺原材料而停产了一个星期，给公司造成了巨大的损失。

从上面这个例子可以看出，只能完成自己的工作，而不善于合作，即使你工作做得再出色，也是没有用的。这种不善于合作的结果，会影响整个部门，乃至整个公司的效益。

被挫折吓倒

一个人在工作中总会遇到各种大大小小的挫折，比如，你认为很好的想法被上司否决，公司里有人阻挠你的工作等。每个在职场上奋斗的人几乎都经历过这种挫折，想要完全解除这些挫折是不可能的，关键在于你如何面对它。

但很多人心理素质薄弱，意志力较差，在工作时，遇到挫折，就对自己失去了信心，这样，即使有好机会使问题出现转机，你也难以把握。

一位大学刚刚毕业的新员工，因他每次提的建议都被老板否定，他就

第九章 做事要做得恰到好处

认为老板看不起他，他与同事关系不好，他就认为同事都在排挤他，于是他就辞职离开了。但由于他所学的专业是冷门，结果他苦苦找了半年的工作都没找到好去处，最后因承受不了这样的挫折选择了自杀，而准备录用他的公司得知后则庆幸："幸好没有录用他，太经不起挫折了。"

这个员工就因这么一点点挫折而辞职、自杀，放弃了努力，放弃自己美好的人生，这实在让人觉得遗憾。其实，当你的提案遭到上司否定时，你可以自己检查一下提案存在的问题，再多加改进；当你的工作得不到上司支持时，你要想到，没有人能让上司支持你的一切，只有不断地通过行动证明自己，才能取得上司的支持。要用一颗忠诚、上进的心去面对工作中的挫折，它能很快调整你的心态，让你战胜挫折。

总的来说，我们在工作中遇到的问题多种多样，但很多问题其实都出在我们自己身上，只要找准问题的病根，我们就能找到解决问题的方法。

针对问题下对药

要想高效、迅速地做好自己的工作，就要有敏锐的观察力，并通过仔细观察了解自己的工作，针对工作中的问题对症下药，达到事半功倍的效果。

一个人要想快速做好自己的事，必须先了解自己的工作，然后再针对问题下对药。但实际上，绝大多数的员工在工作的同时，其实并不了解自己的工作。他们只不过是接受了命令，然后按照指示做出一些机械的行动而已。

这里所讲的了解工作,并不是说你的工作是什么性质,工作宗旨是什么。而是说,你应该了解你的工作每天在朝哪个方向进展,你具体在做什么,工作进行得如何,以及工作进度对企业总目标的影响等。

了解自己的工作是有途径的,具体的做法是:与老板或上司多沟通,多问多听。这种沟通的本领是每一位员工都应该具有的。只有这样,你才能弄清工作的原委。此外,还应利用同事间的良好的人际关系,进一步了解自己的工作。多问上一句:"你能告诉我有关的情况吗?""你认为这项任务的着手点应该在哪儿?""你是怎么认为的?""你能解释上司说的事吗?"。这些非正式的问题往往会使你对当前工作的认识更加清晰,也有助于你从整体上正确地把握工作。

了解了自己的工作后,就能很容易找出你的问题所在,再对症下药。

接受现实是解决问题的第一步

每个人的一生中都会遇上无数困境,工作上更是如此。如果你选择了逃避,那么困难将会一次又一次地造访你。因为逃避无法解决问题,我们必须勇敢地接受现实的挑战。

在最黑暗的时期,整个欧洲大陆和北非都处于纳粹的铁蹄之下,而美国又竭力保持中立,希特勒于是全力对英作战。在当时,几乎全世界的人都认为英国一定会屈服。但当时的英国首相丘吉尔一直坚信:大不列颠不仅能生存下来,而且仍将是一个伟大的国家。面对纳粹的战争威胁,丘吉尔向全英国人民表示:"我们下定决心,一定要将希特勒的纳粹统治摧毁。对于这一点,什么也不能改变我们,决不!我们决不屈服!决不向希特勒或他的党羽妥协!……"

第九章 做事要做得恰到好处

即使有这样大胆的设想，丘吉尔也需要面对最严酷的现实。为了让消息真实地传到自己手中，战争一开始，丘吉尔就在普通的信息渠道之外，建立了一个完全独立的部门——"统计局"。丘吉尔在整个战争时期就是依靠"统计局"获得了最新、从未粉饰过的真实战况，从而做出了正确的决策，最终战胜了入侵的纳粹分子。

这个历史事件中所蕴涵的道理也可以应用到其他的领域。对于一个员工而言，勇于接受现实是负责精神和敬业精神的表现。像勇士一样去工作，去完成任务，它体现了一个人对自己的职责和使命的态度。思想影响态度，态度影响行动。一个勇于接受现实的员工，肯定是一个认真履行自己职责、勇于负责的员工，他的工作进度一定会超出常人一大截，工作质量更是好得让人佩服。

一位公司主管经观察得出这样一个观点：高效率的优秀员工有一个共同的特点——敢于面对现实，愿意冒险。

20世纪30年代美国经济大衰退的时候，美国某人寿保险公司的业务员理查德的保险业务开展得很艰难，再加上他生性腼腆，被客户拒绝一次，便不再上门。因此他的业绩一直处于低迷状态。那个时候，理查德最关注、最担心的是下一个月是否会失业。

"年轻人，你在未来的三个月内，工作成绩可以上长到什么程度？"一天，公司经理问理查德。

"哦，我没有想过具体的，但我认为肯定会让您满意的。"理查德小心地回答道。

"这我也相信，"经理说，"可你想没想过怎样对待阻碍你工作进展的问题呢？"

"经理……我没有想过。"理查德低声回答。

大公司跟对人
dagongsigenduiren

小公司做对事
xiaogongsizuoduishi

"没有想过现在就要好好地想一想。"经理严肃地说道,"不管你打算把自己的工作做到何种水平,只要你肯做,你就会做到。每一个人都可以取得良好的成绩——不管情况多么艰难——只要他肯敲门,肯尝试,肯努力!"

因为这次谈话,该保险公司的裁员名单上少了理查德的名字,他成为了一位高绩效的优秀员工——一位曾把每个客户的门敲响十数遍的人。

接受现实是解决困难的第一步,只有正确评价工作中那些不可避免的困难和障碍,客观地看待它们——既不能把它们看小,也不能把它们夸大,你才能制定有效的办法解决它们,减少它们对于任务达成的障碍,最终取得好的成果。

在开始工作前找出那些阻挡你的障碍可以减少工作的阻力,但要想在工作前就把所有的阻力都清除是不现实的。如果你固执地坚持这一点的话,你的工作永远都不可能开始。优秀员工并不是工作前就解决了所有的问题,这一点是任何人都做不到,因为随着工作的进展会不断产生问题和变化。事实上,优秀员工不管从事什么行业或什么活动,遇到麻烦都会立刻想办法处理。

培养洞察力,发现问题

面对现实中的种种困难和问题有一个重要的前提,那就是发现问题。发现是解决的前提,只有发现了问题才能解决问题,这是"了解工作"的一个重要内容。

发现问题需要敏锐的洞察力,但许多员工往往忽略了它。其实不仅仅是员工,许多优秀的领袖人物也常犯这个愚蠢的错误。

1815年,拿破仑在滑铁卢战役前,对手下的将军进行早餐谈话时说:"我告诉你们,威灵顿是个劣等的将军,英国部队也不堪一击。我们在午餐之前就可以解决他们。"

"蓝色巨人"IBM 的创始人兼董事长托马斯·沃森在 1943 年如是说:"我估计全世界大概只能销出 5 台电脑。"

吉米·霍华在 1975 年他失踪前的一个月夸下海口:"我不需要保镖"。

敏锐的洞察力是发现问题的根源。任何追求卓越业绩的优秀员工,都应了解这一点。具体来讲,洞察力有利于你:

1. 找出问题的根本所在;

2. 加强对问题的解决,可以让你直捣问题的核心;

3. 评估各种选择以获取最有利的局势。

总之,一名优秀员工必须针对问题对症下药,做到认清事实,发现问题,并勇于解决问题。否则,你的行为就会因"盲目"而失去意义,最后让你的工作进展得更加缓慢而且艰难,最终陷入失败的深渊。

把工作落到实处

在第一遍的时候就把事情做好,将工作一步到位、落到实处,不仅仅能减少后续出现的无数麻烦,还能仔细地将事情做到完美。

任何工作,在做的时候都要争取把它做到一步到位,落到实处。如果一步不到位,那么以后可能就是步步都不能到位,最后当你看到漏洞无法弥补的时候,也就是自己受到惩罚的时候。

其实把工作一次性做到位并不难,只要你在第一遍的时候就把事情做

大公司跟对人 小公司做对事

好就可以了，如果你不能第一次就做好，以后就会在更小的事情上操劳。

在现代职场中，有很多公司的员工都是凡事得过且过，工作总是无法做到位，在他们的工作中经常会出现这样的现象。

破坏性地做：5%的人不是在工作，而是在制造矛盾，无事生非；

不想做：10%的人正在等待做什么；

蛮做、盲做、胡做：15%的人正在为增加库存而工作；

在做，但是负效劳动：10%的人没有对公司作出贡献；

想做，但不会正确有效地做：20%的人正在按照低效的标准或方法工作；

做不好，工作不到位：只有40%的人属于正常范围，但绩效仍然不高。

不能把工作落到实处的人大有人在。他们看起来一天到晚很忙，似乎有做不完的事，却忙而无效。要想从"做事"到"做成事"，首先要做到的是：任务一旦明确，就必须办成，把工作落到实处，不允许以任何借口和理由来拖延。

在职场中拼搏，要求我们一定要把"把工作落到实处"当成一种习惯，当成一种态度，我们就会与"胜任""优秀""成功"同行。

一位大师曾经说过："如果你能够尽到自己的本分，尽力完成自己应该做的事情，那么总有一天，你能够随心所欲从事自己想要做的事情。"反之，如果你凡事得过且过，从不努力把自己的工作做好，那么你永远无法真正成功。

"如果你想使绩效达到卓越的境界，你就得从这一刻开始，将你的工作落到实处。因为每个人所做的工作，都是由一件件做成的事构成的，对小事敷衍应付或轻视懈怠，将影响你最终的工作成绩。"一个年纪轻轻就身居高层的成功人士在总结自己的成功经验时说。

但在工作中，真正能体会到其中"三昧"的人却少之又少。

第九章 做事要做得恰到好处

希尔顿饭店的创始人康拉德·希尔顿对他的员工说："大家牢记，万万不要把忧愁摆在脸上！无论饭店本身遭到何等的困难，大家都必须从这件小事做起，让自己的脸上永远充满微笑。这样，才会受到顾客的青睐！"正是这小小的微笑，让希尔顿饭店遍布世界各地。

那些成绩平庸的人都或多或少沾染上了无视小事的恶习。许多人在接到一项新任务后，首先做的事情是剔除穿插其中的诸多繁琐的细节。他们认为，这些琐碎的细节只会浪费宝贵的时间和有限的精力，结果整项工作由于缺少细节的串联，在衔接上出现了脱轨现象，进而导致工作进度一再受阻，难以高质量地按期完成任务。

"不积跬步，无以至千里；不积细流，无以成江河。"一个人只有从大处着眼，小处着手，不论工作大小均全力以赴，才能确保工作顺利开展，并以高效结束。作为一名员工，你必须真正了解"平凡"中蕴藏的深刻内涵，关注那些以往认为无关紧要的平凡小事，并尽心尽力地认真做好它。

任何人踏上工作岗位后，都需要经历一个把所学知识与具体实践相结合的过程，需要从一些简单的工作开始这种实践，并从实践中不断学习。所以，面对一件不起眼的小事，你要一丝不苟地扎扎实实做好，并虚心向他人请教，积累经验。

另外，以认真的态度去做平凡的工作，还有助于你建立良好的人脉关系，使你得到周围人的支持和帮助。无须多言，一个拥有良好人脉关系的人，自然更容易处理工作中的棘手问题，把工作完成得更好、更快。

借助"平凡小事"创造不平凡的业绩

要想摆脱对小事无所谓的恶习，你必须做好以下几点。

首先，千万不要对接到的任务细节产生轻视的心理。你要把它看成

大公司跟对人
小公司做对事

一件重要的大事。这样，你才会真正重视它，并开动脑筋、发挥潜力做好它。事实上，要做到这一点并不容易，你需要时时提醒自己："别看它简单、不起眼，它有着至关重要的作用。"做不好它，你就不可能高质量地完成任务。

其次，工作时一定要细心、认真。不要以为是平凡的小事，就敷衍了事地应付。你应该像做重要的事一样认真对待，细心、扎实地处理好每一个环节和细节，一丝不苟地去完成它。只有这样，你才能借助"平凡小事"的力量推进工作进度，做出不平凡的业绩。

最后，做出"完美"时要让周围的人知道。不管你所负责的工作多么平凡和不起眼，如果你细心工作，发挥你的聪明才智，你就可能做出让周围人惊讶的成绩来。比如，你创造出一套行之有效的好方法，能提高工作效率，或者提高工作质量；再如，想出了一个好的创意，有利于提高工作成就。这无疑是平凡的工作对你的回报。这些好的想法和创意对于你更好地完成更富挑战性的工作是相当有利的，同时它也为你提供了一个成功的契机。很多人在得到这些"回报"和"馈赠"时，习惯于藏起来自己独享，事实上，这种行为并不可取。这个时候，你最好让周围的人知道，切忌保密。与人分享成果有利于得到别人的好感，提高你的人脉指数，而良好的人际关系则会使你的工作速度和工作质量得到进一步提高。另一方面有助于上司正确地认识你的能力，使你早日获得晋升的机会，而且这样做还有助于提升整个团队和企业的绩效，与公与私都应分享。

总之，一个人能否成功，取决于他是否做什么事都力求做到最好，其中自然也包括那些再平凡不过的小事。所以在工作中，哪怕事情微不足道，你也要认认真真地把它做好。能做到最好，就必须做到最好，能完成100%，就绝不只做99%。

第九章 做事要做得恰到好处

把简单的事落实到极致就是成功

做任何事情,不要看到复杂就感到困难,然后就产生畏难情绪不愿做,这样的话,只会什么事情都做不成;同时,也不能认为事情简单就不认真,要知道,在简单之中,往往就孕育着伟大的事情。

在当今社会,年轻人大多不愿做简单的事,他们甚至认为做那些过于简单的事情,浪费自己宝贵的时间,也不能给自己带来成功的喜悦。但那些成功的公司或人却都是做着简单的事情,把简单的事做到极致,直至成功的。

简单的事就因其简单,人人都可以轻而易举做好,它给人实现自我的乐趣也微小得令人难以察觉。也许正是这个原因,对于简单之事,人们做好一次、两次甚至多次,并不难,而真正难的是永远都做好,每次都按照完美的标准重复下去,决不厌倦,永不懈怠,就像雷锋一样做一辈子好事。

因此,从做事的原动力角度看,把简单之事做到极致,或许比科学家、伟人将复杂、艰难之事做到极致,更显珍贵。

很多时候,企业因为不愿意做一些简单的调查,而导致蒙受巨大损失,这种事例也是经常见到的,如:

20世纪90年代中期,北京、天津、山东、广东、湖南同时上了5个乙烯工程,每个工程投资80亿元,国家共投资400亿元。工程建成投产后,一投产就出现亏损、破产,400亿元的投资就此付诸东流。乙烯工程最低标准的规模效益是年产30万吨,而这5个工程都是年产15万吨。为什么?难道我们将这一切仅仅简单地归纳为战略决策的失误吗?400亿的损失,我们不能以"战略失误"几个字一笔了之。

试想，如果有关战略规划部门拿出这400亿的千分之一甚至万分之一委托一个像兰德这样的咨询机构做一下市场前期调研、预测，还会出现这种情况吗？

所以说，有些事，看上去简单，但不可忽视。那些能将简单的事情做到极致的公司，也往往更容易获得成功。

麦当劳在中国的店是开到哪里，火到哪里，中国的餐饮界人士无不感到羡慕、嫉妒，可是，在它前期，他们为此做出了艰苦细致的市场调研工作。麦当劳进驻中国前，曾连续5年跟踪调查，内容包括中国消费者的经济收入的情况和消费方式的特点。他们还提前4年在中国东北和北京市郊试种马铃薯，并根据中国人的身高体形确定了最佳柜台、桌椅和尺寸，此外，还从香港麦当劳空运成品到北京，进行口味试验和分析。开首家分店时，麦当劳在北京选了5个地点反复论证、比较。由于前期准备工作的充分，最后麦当劳进军中国时，一炮打响。这些事情看上去都是很简单的，但他们把简单的事做到了极致，所以最后他们能品尝到成功的果实。

不光公司如此，对于个人而言，也有将简单的事做到极致而成功的事例。

原本，金盏花只有金色和褐色两种颜色，一天，法国某园艺所重金悬赏纯白色的。

一位六旬老太太想试一试，但她的儿女们却一致反对，而老太太非常坚持，由于得不得孩子们的支持，于是她决定自己一个人干。她洒下花种，等到花开时节，再将颜色最浅的花精心挑选出来，任其枯萎后把种子收集起来。就这样春种秋收，循环往复，一年年过去了，她终于培育出了洁白如雪的金盏花……当她拿着白色的金盏花到园艺所时，由于年代久远，园艺所的工作人员告诉她已不能兑现奖金，老太太只是笑笑，说："只是想问

第九章 做事要做得恰到好处

问,你们要不要黑色的金盏花,我也能培育出来。"就这样,一个让学者专家望而却步的难题,在一位不知植物遗传学为何物,手中没有精密设备、配套器材的老人的不懈努力中化解了。

通过以上的两个故事我们也可以看到,做任何事情,不要看到复杂就感到困难,然后就产生畏难情绪不愿做,这样的话,只会什么事情都做不成;同时,也不能认为事情简单就不认真,要知道,在简单之中,往往就孕育着伟大的事情。所以,只要我们善于把简单的事情做到极致,成功永远都会在你的面前向你微笑。

也许你会说:"这么简单的事,谁做不到?"但是真正做到的又有多少?如果你留心观察身边的优秀员工,就会发现他们在开始的时候也与你一样,做着同样简单的小事,唯一的区别就是,他们从不因为他们所做的事是简单的小事,而不尽心尽力,不全力以赴。

某种程度上,将简单的事做到极致,或许更为不易。因为简单,人人都会,要做出新鲜,是在是不好办。不像科学,研究到一定分上,走下去,每一步都是创新和突破,都是远离大众。

所谓物极则必反。简单的事情因为太过容易,体现不出人超越自我的天性,所以很少有人在这条路上孜孜以求。但是,一旦有人真的把极其简单的事情做到了极致,那么他就可以因此实现自我的大超越。

非凡的成效来自超凡的执行力

正确执行不只是做,还要做对、做成、做好。只满足于完成任务的

大公司跟对人
小公司做对事

员工不是好员工，好员工应该得到做事的结果——这才算得上是真正完成任务。

任何一件事的成功，都来自于人们身体力行的执行，可以说，非凡的成效来自于超凡的执行力。所以，要做事，就要把它做好，如果你不会或不愿去做它，那干脆不要去做。

如果只是简单地做事，不用心，不细致，而只是敷衍了事，那你做了跟没做一样，那就相当于在浪费时间。当然还有一种情况，就是只做事，而没有做成事，这样的现象也是比较常见的，很多人看起来一天到晚都很忙，似乎他手上永远都有做不完的事，但他忙而无效，事情没有任何结果。

公司老板让小张去买书，小张先到第一家书店，书店老板说："刚卖完。"之后，他又去了第二家书店，营业人员说已经去进货了，要隔几天才有。小张又去了第三家书店，但是这家书店根本没有卖他需要的书。

到了中午，小张只好回公司，对老板后说："跑了三家书店，快累死了，都没有。过几天我再去看看！"领导看着满头大汗的小张，欲言又止。

买书是任务，买到书是结果，小张去做了，却没有结果，也就是说，他有了苦劳，却没有功劳。不仅如此，他还浪费了半天的时间，而这半天时间老板必须给他支付工资。

其实，只要动一下脑筋，就可以想到许多好主意。如小张买书，至少有三种方法可以保证他完成任务，把事做成。如：打电话给书店，确定哪一家书店有这本书，再去购买；上网查找这本书的信息，向网上书店订购或直接联系出版社邮购；到图书馆查是否有这本书，如果有，就问领导愿不愿花钱复印。

第九章 做事要做得恰到好处

这三种方法可以保证小张得到书,但他没有这样做,就因为小张没有将做事和做成事分清楚,只停留在做事的阶段,而没有考虑做成事,而且,他的头脑中也没有结果思维,不了解领导布置任务的最终目的是要一个结果。

正确执行不只是做,还要做对、做成、做好。只满足于完成任务的员工不是好员工,好员工应该得到做事的结果—这才算得上是真正完成任务。如果一个企业的销售人员每天忙着推销,却不看对象,不问方法,看起来是努力工作,但结果可能是一件产品都不推销不出去。

执行要保证成效,一切以做成事为最终目的。一名员工如果懂得了这一点,就会积极想办法,既看过程又看结果—不仅把事做了,还把事做成。

作为一名优秀的员工,应当培养以下几种习惯,这对于责任有效落实有着至关重要的作用。

1. 自信者天助

只有自信才能他信,自信是成功的一半。当你请求别人帮助时,只有提供帮助的人感觉到你对他的将来有预期,即对他会有所回报,他才会给你提供帮助。被帮助者的潜能越大,越能使那些提供帮助的人感到欣慰,也就能得到帮助。

2. 用尽全力地工作

一个小孩使尽了所有的力气搬动路边的一块石头,他无论是呐喊,还是咬着牙,向着石头一次又一次地发起进攻都不能动之一下,于是这个小孩大哭起来。这时过来一个大人问他:"孩子,你尽全力了吗?"

孩说:"我用尽了自己所有的力气。""不,你并没有用上你所有的力量,因为你还没有请求我的帮助啊!"这个大人说着,弯下腰抱起石头扔在了一边。

其实，我们也常犯这个小孩的那种错误，应该时常检讨自己：用尽全力了吗？不仅是自己本身的能力，还包括自己可以获得的外界的能力。

3. 净化心灵，充满激情

从江湖捕捉的鱼虾应把它们放在清水里吐故纳新后再吃，这样才能保证无毒并有营养。人的大脑充满了杂乱的东西，应先虚其心，才能学到新的知识。工作中有时我们会遇到闷闷不乐的事情，很容易让我们消极，这就需要我们充满活力，树立积极、有激情的人生态度，即所谓的高品位的生活，不断制定有思想、有追求、有道德观的工作目标。那些成功者及其成功的思想、理念、方法就是我们的活力之源。

4. 主动担责，防微杜渐

要做一名优秀的下属应当主动承担责任，防患于未然。古人云："明察成败，早防而救之，塞其间，绝其源，转祸以为福，君终已无忧，如此者，智臣也。"这句话包含两层含义：一是，作为下属，应该主动工作，认真负责而不是事事等领导发话；二是，任何事情要早作准备，防微杜渐，治标更要治本，这才是真正的好员工。

5. 终身学习

养成终身学习的习惯。许多企业向员工发出了"不换脑袋就换人"的警告，于是，"换脑袋、求生存"成了人们面临的严峻现实。更新知识结构非常必要，一个不断创新的企业需要不断创新的员工，市场会淘汰滞后的企业，而企业也会淘汰落后的员工，于是创新成了一个员工、一个企业乃至一个民族进步的灵魂。

6. 做个有心人

只要有心，敞开改变的大门，注意每一个细节，培养良好的责任落实习惯，学习不同的行为模式，不论你的现状如何，没有改变不了的习惯。虽然这需要长时间下工夫，但是必定会有鼓舞人心的直接收益。诚如美国思想家佩因所说："得之太易者必不受珍惜。唯有付出代价，万物始有价值。"

总的来说，非凡的成效来自于超凡的执行力。执行必须不折不扣，没有任何借口，不缩水、不拖延；一次性把问题解决，把事情做对。

[第十章]
做事做的就是细节

从古至今,大多数的人都是只想做大事,而不愿意或者不屑于做小事。但任何大事的成功都是由无数小事积累而成的,而愿意把小事做好的人太少。如果在工作中始终不拘"小节",不屑抓细节,最后只会因小"疵"而掩了大"玉"。因此,一个人要想获得成功,那么,对自己工作中的任何小事及细节,就绝不能采取敷衍应付或轻视懈怠的态度,这样才能从根本上防止和避免危害和损失的产生。做事做的就是细节。

把小事做细,把细节做透

日本狮王牙刷和海尔集团两家公司的成功之处就在于,他们把一件看

大公司跟对人 小公司做对事

似极小的小事做细、做透。这里所说的将小事做细,就是指将小事做到位、做透彻。如果粗枝大叶地去做一件小事,那是不可能做好的。

在现实生活中,人人都觉得自己是做大事并且能做大事的人,但人们又大都不愿意或者不屑于做小事,真正愿意把每件小事都做细、把细节做透的人却少之又少。

事实上,芸芸众生中真正能做大事的人少之又少,大多数的人都只能做一些具体、琐碎而又单调的事,也许看起来确实过于平淡,过于鸡毛蒜皮,但这就是工作,同时也是成就大事不可缺少的基础。所以,做事一定要注意细节,从小事做起,把小事做细,把细节做透。

做事做的就是细节。在工作中,没有一件事情是小到不值得你动手去做的,也没有一个细节会细到应该被你忽略。

日本狮王牙刷公司的员工加藤信三就是此中的典范。

一天,加藤信三因为要赶去上班,刷牙刷得特别急,没想到将牙龈给刷出血了。他大为恼火,在上班的路上一路都是气哼哼的。

等到了公司,加藤信三好容易才将心思集中到工作上,之后,在休息的时候他和几位要好的伙伴提及此事,因为他们所在的公司刚好是一家牙刷公司,所以大家约好一同设法解决牙刷容易伤及牙龈的问题。

就这个问题,他们绞尽脑汁,想了不少办法,如把牙刷改为柔软的狸毛,刷牙前先用热水把牙刷泡软,多用些牙膏,放慢刷牙速度等,但效果都不太理想。后来,他们很仔细地检查牙刷毛,从放大镜底下发现,市面上流行的牙刷毛的顶端是四方形的,而非我们平时认为的尖形。加藤信三突发奇想:"把它们改成圆形的不就行了!"于是他们着手改进牙刷。经过实验,

第十章 做事做的就是细节

他们终于发现，这种方法的效果是明显的。

得出结论后，加藤信三正式向公司提出改变牙刷毛形状的建议，公司领导也觉得这个建议很特别，于是，经过验证后，公司正式把旗下的全部牙刷毛的顶端改成了圆形。改进后的狮王牌牙刷在广告媒介的作用下，销路极好，销量直线上升，最后在全国同类产品中，竟然占到了40%左右，而加藤信三也因此由普通职员晋升为科长，在十几年后，他又成为了公司的董事长。

在我们的日常生活中，牙刷不好用，是经常会遇到的问题，但很少有人会因此想办法去解决这个问题，加藤信三不仅发现了这个小问题，而且对此进行了细致的分析，从而使自己和所在的公司都取得了巨大的成功。

要知道，任何大事都是由若干小事构成的，小事决定了大事。也只有做好了每一件小事，才能做好大事。在海尔集团，办公大楼的每一块玻璃都被擦得明亮清晰，因为集团内的员工每天都会将玻璃一块一块擦拭。正是因为集团内有一批乐于做小事的人，才使海尔集团有了一个良好的工作环境。擦拭玻璃很简单，如果做一天，谁都可以做到，但每天都这样重复做，一年365天天天如此，那就很不容易了。

日本狮王牙刷和海尔集团两家公司的成功之处就在于，他们把一件看似极小的小事做细、做透。这里所说的将小事做细，就是指将小事做到位、做透彻。如果粗枝大叶地去做一件小事，那是不可能做好的。

丰田汽车社长也说："公司最为艰巨的工作不是汽车的研发和技术创新，而是生产流程中一根绳索的摆放要不高不矮，不偏不歪，而且要确保每位技术工人在操作这根绳索时都无任何偏差。"这就是在细节上的体现，最好的产品做的都是细节。但在个人来说，做事时将细节做好了，就成功了一大半。这是因为：

细节能够反映出一个人的逻辑思维能力

在我们平常的工作中，经常会有同一时段内做许多事情的情形，有时候这些事是有着明显的先后顺序，而有些则没有。遇到后者，就应及时调整自己的工作安排，先集中把其他部门接着要做或需要上级批准的工作完成提交。这时候，关注细节是帮助你把握工作主动的关键。

细节能够反映员工的自我管理能力

如果你的办公桌上永远都有堆得老高的文件，计算机上总是贴满记事的便笺……即使是在工作后，也不会清理归档。可能你会觉得：大事都做完了，谁还在意这些细微小事？殊不知，一个连自己都管不好的人，谁又能委派他去管理一个部门呢？

细节能反映员工的责任心

如果你总是将那些细节做到位，把小事做细，细节做透，那么你的责任心也必定能让你获得上司和同事的信任。如，上司或同事要出差，一切都已经安排好，他们离开公司前，你细心地将一个写有对方主要联系人手机号码的纸条交到他们手中，以防出现万一，他们可以及时联系。你的部门负责组织公司的一个重要会议，会议前你去会议室把所用设备（投影仪，接线板）一一落实，以防某个环节出差错。当你经常为上司或同事做这些看起来很小但又必不可少的事情的时候，你也一定能给他们留下良好的印象，当机会到来时，你就会被认为是最合适的一个人选。

细节能反映你对他人的关注

当有客人走进会议室时，通常主人会按季节递上一杯热茶或冷饮，人

第十章 做事做的就是细节

们会很满意你的这份周到。但若你先送上一杯温水，使他能痛快地喝下以解口渴，然后你再奉上热茶、冷饮让其慢慢享用，他们的感受想必是更加深刻。又比如，你的下属在炎炎夏日要出差到南方，你在他们离开前，送给他一瓶风油精，这肯定要比你再三强调此次出差任务的重要性更能激发他们的工作热情。

细节能够反映你的做事风格

如果你接到某客户来电向你询问某事，本来这件事是由你同事负责的，你留言相告也算是尽了人事了。但只是这样，对方心里肯定还不那么踏实。如果你能主动回个电话告知对方："事情已转到××手中了……"虽然看上去只是很小的一件事，但这个电话会使别人感到你做事的牢靠，下次有了机会，他肯定会首先想到你。

细节能反映你的综合素质

想要发现旁人看不到的细节问题，做好细节上的每件事情，并不是一件容易的事。因为素质的提高需要不断的学习、逐渐的积累。

综上所述，将小事做好，努力把小事做细、做透，小事也可以做成大事。如果你能养成把小事做细、把细节做透的职业习惯，那么你一定能拥有比别人更多的竞争力。

细节也能做出大机会

上司或那些你事业上的贵人的信任是一点点取得的，当你能够在小机

大公司跟对人
小公司做对事

会面前体现出你的价值时，你就可以争取到更大的表现机会。很多时候，机会都是从细节中做出来的。

当今社会，虽然每年都有很多的大学毕业生找工作，但大多数的公司宁可花更多的钱去聘请有一定工作年限的员工，为什么呢？这是因为很多新人不够脚踏实地，路还没走好的时候，就想跑，还没跑起来的时候就想飞。其实，上司或那些你事业上的贵人的信任是一点点取得的，当你能够在小机会面前体现出你的价值时，你就可以争取到更大的表现机会。很多时候，机会都是从细节中做出来的。

正大广场市场部经理周旭光讲了他自己亲身经历的一个故事。

周旭光刚进正大广场时候也是打了将近3个月的杂。当时他负责租户协调工作，有一次需要给客户发函，平常其他人都是直接给租户的总公司发传真。但是周旭光因为刚来工作，什么资源都没有，就想通过这个机会认识一下客户，于是他通过各店的店长找到他们总公司市场部的人，打电话去沟通并建立联系。以前很少有人会这样做，因此他的举动也给上司留下了很好的印象。后来在提升员工的时候，上司很快就想到了他。

等到周旭光升为经理之后回忆这段经历时说："其实打杂也无小事，机会都是靠自己把握的。"

就是因为周旭光将自己工作中的细节做好了，所以他得到了别人没有的发展机会。有因机会而得到发展机会的，自然也会有人因细节问题没有处理好而最终失去机会的，下面这个例子就是如此。

一次，新加坡航空互联会到武汉招聘空中小姐。在应聘过程中，很多女孩长得很漂亮，在形象气质上都可过关，但由于没有恰当地包装自己，

第十章 做事做的就是细节

尤其有的人穿着凉拖、吊带,化着浓妆或者干脆不化妆,令招聘负责人比较反感。因为负责招聘的那位外国面试官非常注重应聘者的细节,如站立时手放在哪个部位,回答问题时有哪些小动作等。而且还有面试者被问及一些很细节的问题,如衣服是不是新买的,早上化妆画了眼睛没,谈了朋友没有,去过哪些国家旅游等诸如此类的问题。航联公司的面试官认为,这些都最能体现你的思维反应力和生活阅历。结果,有部分美女最后因这些细节问题没有处理好而错失了机会。

当然,有时候我们的机会来源于那些看上去微不足道甚至是我们从不在意的一些地方的细节。机会它并不总是这样堂而皇之地出现在你面前,更多时候它喜欢和人捉迷藏,让你慢慢去发现它,而通过一些细节,让你更容易接近它。

某年6月,天南广告公司因为业务量不断萎缩,公司效益出现大滑坡,于是公司决定裁掉一半的后勤人员。当时,在办公室做接待工作的文小爽就在被裁之列。老总说,被裁掉的人员还有一次机会,谁能在2个月内为公司拉到50万元以上的广告业务,就可以续聘他,这个期间,除提供差旅费和出差补贴外,其他一切费用自理。

小爽心想,两个月50万元。这是一个合格的广告业务员可以完成的业务量,就答应下来。可结果,小爽跑了1个多月,甚至没有发现一单意向性的业务。

眼看时间快到了,但小爽的心情却越发沉重,如果再揽不到业务,恐怕她真的要失业了。这天,当她经过某社区游乐园时,不经意看到一个两岁多的小孩在向老阿婆又哭又闹。小爽笑咪咪地走过去对孩童说:"告诉姐姐,你要玩什么呀?"

原来小男孩要荡秋千，可他奶奶怕摔着小孙子，硬是不让他玩。小爽向老阿婆保证自己会照看好孩子，于是就把他抱到秋千上，并与他一块玩耍起来。随后，她又领着孩童玩耍了吊环、爬梯。很快，半小时就过去了，小爽对孩子说："小朋友，姐姐现在有事要走了，我明天再来跟你玩，好不好？"就在小爽转身离去之际，老人突然好奇地问她："姑娘，你做什么工作的？"小爽苦笑道："我是广告公司的，最近公司裁员，如果我两个月内拉不到50万元的广告业务，就要失业，明天是最后期限。"说完还不忘向孩子保证，第二天一定过来陪他玩。

第二天，小爽还真的跑到游乐园来向小朋友兑现自己的"诺言"，老人和孩子见到小爽很是高兴。小孩玩尽兴了，小爽正打算离开的时候，老人认真地问小爽："你昨天不是说要拉广告业务吗？走，我带你去试试运气。"原来这位老人的儿子是一家大型连锁营销公司的总经理，由于又新开了几家超市，也正好需要做广告宣传。最后，这位总经理除了给小爽谈成30多万元的户外广告牌业务外，之后还相继给她推荐了不少客户。

小爽遇到她的"财神"仅仅是一种巧合吗？其实并非如此，如果不是她之前耐心地陪那孩子玩耍，后来又不忘自己与一个两岁多的小孩的约定，她也不会给老人留下良好的印象，让老人最后主动帮助她。她当初并不知道老人的社会背景，自然谈不上"刻意与那个孩童套近乎"之嫌。其实很多时候，机会就隐藏在暗处的，需要你去发现，只要我们敢于去真诚地尝试，我们会得到许多的机会。

综上所述，只要我们认真地做好自己的每一件小事，将细节做好，是可以从中得到大机会的。

第十章 做事做的就是细节

一定要处理好工作中的细枝末节

在激烈的职场竞争中，在能力等各方面无从比较的情况下，细节常会显出奇特的魅力，它可以提升你的人格魅力，增加工作绩效指数，博得上司的青睐，使你获得更好的机会。如果你能在工作中敏锐地发现别人没有注意到的空白领域或薄弱环节，并以小事为突破口，你的工作绩效很有可能因此得到质的飞跃。

这是一个细节制胜的时代。微软公司之所以投入几十亿美元来改进开发每一个新版本，就是要确保每一个细节都不出现纰漏，不给竞争者与它争胜的机会；迪斯尼公司在调查发现平均每天大约有两万名游人将车钥匙反锁在车里，于是专门在公园的停车场帮助那些将钥匙锁在车里的游客免费打开车门，给游人提供了方便，这一颇重细节的服务为迪斯尼公司带来了更多的顾客。

对于公司来说，注重细节是至关重要的。同样的，对于一个员工来说，注重细节其实就是一种工作态度，一定要处理好工作中的细枝末节。优秀员工与平庸者之间的最大区别在于，前者注重细节，而后者则忽视细节。看不到细节，或者不把细节当回事的人，无法把工作当做一种乐趣，因而只能永远由别人分配给自己工作，甚至即便这样也不能把事情做好。这样的员工永远不会在公司中找到自己的立足之地。而考虑到细节、注重细节的人，不仅能够认真对待工作，将小事做细，而且能在细节中找到机会，从而使自己走上成功之路。

吴军和孔蒙同时应聘进了一家中外合资公司。这家公司待遇优厚，并且有很大的发展空间,这让他们俩都很珍惜,两人都拼命地工作以确保试用期后还能留在这里。因为公司规定的淘汰比例是 2:1,因此他们俩必然有一个会在 3 个月后离开。

两人每天都很认真地工作,上班从来不迟到,下班后还经常加班,有时候还帮后勤人员打扫卫生,分发报纸等。

他们部门的经理是个很好相处的人,他经常去两个人的单身宿舍交流、沟通。所以两人对个人卫生也特别注意,都把各自宿舍整理得一尘不染,把专业书都摆在桌面上,以示上进。

而 3 个月后,吴军被留了下来,孔蒙离开了。过了半年,吴军被提升为部门主管,和经理的关系也亲近了,就问经理当初为什么留下了他而不是孔蒙。经理说:"当时从你们中选拔一个还真难,工作上不分高低,同事关系也很融洽,所以我就常去你们宿舍串门,想更多地了解你们。我发现,你们离开宿舍的时候,孔蒙的宿舍总是仍亮着灯,开着电脑;而你的宿舍则熄了灯,关了电脑,所以最后确定了你。"

从这个例子可以得知,千万不要忽视一些细枝末节的东西,因为一个墨点足可玷污一张白纸,一件小事足可招人厌恶。在激烈的职场竞争中,在能力等各方面无从比较的情况下,细节常会显出奇特的魅力,它可以提升你的人格魅力,增加工作绩效指数,博得上司的青睐,使你获得更好的机会。如果你能在工作中敏锐地发现别人没有注意到的空白领域或薄弱环节,并以小事为突破口,你的工作绩效很有可能因此得到质的飞跃。

其实,一名员工是否具有细节意识,从日常工作中更能体现出来。比如不随意使用公司电话处理私人事务,不在公司的电脑上玩游戏等。

甚至从一张纸上,也能看出一个员工是否注重细节。有些公司对纸张的使用有严格的要求,如在打印机和复印机旁分别放着新纸、仅用过一面和两面都用过可以处理掉的纸三种。注重细节的员工总能最大限度地利用每一份公司资源,将用过一面的纸张,简单地装订起来作为草稿纸,或者再复印一些资料等,绝不会随意废弃。

而且,注重细节的员工也十分注意私人朋友的来访接待。他们总会把私人朋友引进专用的会客室,不会让客人进入到工作区,以免打扰同事工作。而且,他们在时间方面往往也很注意,除非是急事,否则不会在上班时间接待私人朋友,而且在接待时也力求简短。

注重细节是一名合格的员工必备的素质。以上这些虽都是小事,但却体现出了一个人的工作态度、行为方式、做人理念,因此是疏忽不得的。公司的细节处理艺术终究由每个员工的细节意识和细节观念来决定,如果员工在细节上马马虎虎、不以为然,公司是不可能在细节上具有优势的。而对细节的疏忽,必然会导致竞争的失利。

在老板眼中,对细节给予必要的重视是一个人有无敬业精神和责任感的表现,若能从细节中发现新的思路,更能表现出员工的创新意识和创新能力,这些都是老板十分看重的。

具体来说,工作中的细节主要体现在以下六个方面。

1. 保持办公桌的整洁、有序

如果办公桌上到处堆满了信件、报告、备忘录之类的东西,就很容易使人感到混乱。更糟的是,这种情形也会让自己觉得有堆积如山的工作要做,可又毫无头绪,根本没时间做完,这样容易让人感到疲惫不堪;零乱的办公桌会在无形中加重自己的工作任务,冲淡了自己的工作热情。因此,要想高效率地完成工作任务,首先就必须保持办公环境的整洁、有序。

2. 不把请假看成一件小事

不要随便就去找老板请假，比如身体不好，家里有事，孩子生病……这样既会让老板反感，而且还会影响工作进度，很有可能导致任务逾期不能完成。不管你的工作效率是否较高，即使耽误一两天也不会影响你的工作进度，但因为你身处的是一个合作的环境，你的缺席很可能会给其他同事造成不便，影响其他人的工作进度。所以不要随便请假，即使生病，只要还能上班就不要请假，更不要因为逃避繁重的工作或无关紧要的小事请假。

3. 办公室里严禁干私活、闲聊

不要在办公室里干私活。因为工作时间内，公司的一切人力、物力资源，是属于公司的，任何私事都不要在上班时间做，更不能私自使用公司的公物。而就员工个人来说，利用上班时间处理个人私事或闲聊，会分散注意力，降低工作效率，进而影响自己的工作进度，有可能会造成任务逾期不能完成。所以将办公时间全部用在任务的完成上，是必要的，也是必须的。

4. 在办公室把手机关掉或调到静音上

不要在上班时间随便接听私人电话，手机的声音会让身边的同事或上司反感，而别人反感的情绪又会直接影响到你的工作情绪，最终导致个人乃至整个团队工作效率的降低；而且还容易分散注意力，很有可能导致你对任务的认识产生偏差，进而使任务不能按期完成。

5. 下班后不要立即回去

下班后要静下心来，将这一天的工作简单做个总结，制定出第二天的工作计划，并准备好相关的工作资料。这样有利于第二天高效率地开展工作，对第二天工作的按期或提前完成有很大的帮助。离开办公室时，不要忘了关灯、关窗，检查一下有无遗漏的东西。

6. 适时关闭电脑

除非必要，否则不要让电脑在上班时间一直开着，更不能借工作掩护上网、玩游戏、看DVD。在工作中，热衷于做这些事，只会浪费有限的时间和精力，增加工作压力感，提高绩效自然也就无从谈起了。最好的做法是：在做完当天的工作，为明天的工作找好资料后就关闭电脑，控制自己上网、玩游戏的欲望。闲暇时间，可以买几本专业书籍充电。

工作里面无小事

不论是工作中还是生活中，我们常常将一些无关紧要、看上去毫不起眼的小事忽略，其实，那些看起来微不足道的细节和节奏，有时恰恰就是工作中的命脉之穴。

仔细想想，就不难发现：我们每天跌宕起伏的工作和生活，其实都是由一连串的小事构成的。但我们往往都感觉不到小事的存在，或是对它们已经变得习以为常。由于各种小事看上去都是那么毫不起眼，因此难免造成我们在有意无意间忽略小事的力量和价值。

殊不知，工作里面无小事，有的时候也许你的疏忽大意会造成一个很坏的结果。那些工作中的所谓小事，既可能成为我们成功的起点，也可能成为我们失败的源头。有时别看是一些小事而不放在心上，关键时刻，小的细节也会影响大局，因为，一件小事的疏忽，往往会导致意想不到的错误，甚至造成不可挽回的损失和后果。

科学家罗伦兹于1979发表的"蝴蝶效应"理论表明：一只亚马逊河流域热带雨林中的蝴蝶，偶尔扇动几下翅膀，就可能在两周后引起美国得克萨斯州的一场龙卷风。这个理论生动地反映了一个道理：初始条件十分微小的变化经过不断放大，就会对其未来状态造成极其巨大的影响。

这与中国那句古话"千里之堤，溃于蚁穴"有异曲同工之妙。做任何事情，1%的错误都有可能带来100%的失败，任何对小事的麻痹和对细节的忽视，都会带来难以想象的后果。工作上的小小漏洞，如果不能够及时发现，加以堵塞，会不断扩大，最终演变到不可收拾的地步。

2003年1月16日，美国"哥伦比亚"号航天飞机升空80秒后发生爆炸，航天飞机上的7名宇航员全部遇难，世界一片震惊，而造成这一灾难的罪魁祸首竟是一块不起眼的脱落的泡沫。

2004年4月7日，IBM中国官方网站将价值约2000元的COMBO刻录机误标为1元，IBM公司发现并马上纠正了这个错误，不过仍然按1元的售价履行了合同。但是，因为这件小事的失误，IBM为此损失了数百万元。

由此可见，工作里面无小事。一件小事的忽视，一个细节的失误，有时可以给自己的职业生涯造成重大挫折，给公司带来严重的损失。在工作中，任何小事，都有可能会关系到大局，牵一发而动整体，每一件细小的事情都会通过放大效应而突显其重要影响。每一名员工，都是企业运转的一个小环节，要知道，你的工作质量有可能会影响到整个企业的兴衰成败。正是一件件不起眼的小事，让一些平凡的员工得到了锻炼和成长，登上了职业的巅峰，也让一些貌似优秀的员工"大意失荆州"，前功尽弃。而重

第十章 做事做的就是细节

视一件小事，做好一个细节，不仅能让自己的人生之路越走越宽，而且可以让企业做得更加成功。

纵观世界企业500强，沃尔玛、通用电气、通用汽车、海尔、麦当劳、肯德基等无一不是重视每一件小事，在细节上做足了工夫；而亨利·福特、比尔·盖茨、李嘉诚、王永庆等商界大亨，也无一不是从小事起步，在一点一滴的小事中成长，然后走向成功。

福特大学毕业后到一家汽车公司去应聘。当时，一同应聘的几个人学历都比他高，在其他人面试时，福特感到自己可能没有希望了。当他敲门走进董事长办公室时，发现门口地上有一张纸，他很自然地弯腰捡了起来，看了看，原来是一张废纸，就顺手把它扔进了垃圾篓。董事长对这一切都看在眼里。福特刚说了一句话："我是来应聘的福特"。董事长就发出了邀请："很好，很好，福特先生，你已经被我们录用了。"而董事长录用他的原因正是由于他那个不经意的动作。从此以后，福特开始了他的辉煌之路，直到他让福特汽车闻名全世界。

所谓"细微之处见精神"，福特就是因为他的一件小事让他争取了一次机会。海尔集团的总裁张瑞敏也说："每一件简单的事做好就是不简单，每一件平凡的事作好就是不平凡。"工作其实是由一件又一件的小事组成的，你所做的每一件事看似琐碎，却往往起着关键的作用。

不是每一个人都有机会一开始就做大事，可能我们每天做的事情都看似平凡、琐碎。做报表，发传真，整理资料，似乎与想象中的工作相去甚远，久而久之，倦怠丛生，对于小事开始采取了拖沓的态度。但是，如果一件小事都做不好，何谈大事？

《菜根谭》上说："嚼得菜根，百事可做。"我们只有把工作中的一件件小事做好了，在这些小事中不断积累经验，才能不断提高自己的工作水平。

大公司跟对人 小公司做对事

大事不是天上掉下来的，只有先做好小事，不断积累，当出现做大事的机会时，方能有所准备，有的放矢。小事也是工作，是工作中必不可缺少的环节，是成就大事不可缺少的基础。从这个意义上说，做好工作中的小事，其实就是为以后担当重任做准备。事实也是如此，凡是能在职场中脱颖而出的人士，其实都是那些踏踏实实地做好工作中小事的人，而那些好高骛远的人、做事浮躁的人往往一事无成。

在工作中，每个人都扮演了不同的角色，每一种角色又都承担了不同的责任，我们对自己角色的饰演就是对责任的完成，理所当然要去承担责任。

范立毕业于一所知名的大学，之后又以优异的成绩应聘进入一家大公司。他对未来充满了憧憬和希望，不料，待他上班后才发现，每日工作都是些琐碎事务，似乎是谁都可以干的，于是他的心便渐渐地冷了下来。

一次，公司召开全国性经销商会议，部门内的其他同事需要彻夜准备文件，而他的工作任务是装订和封套。

总经理再三叮嘱："一定要做好准备工作，别到时弄得措手不及。"

范立听了更是不快，这种事情就连初中生也会，还用得着这样嘱咐？因此他根本没理会。

同事们忙碌起来，范立也没有帮忙，坐在旁边看报纸。等文件终于交到他手里，他开始一件件装订。没想到，只订了十几份，订书机上的订书针就用完了。等他抽开订书针的纸盒，才发现里面居然是空的。一下子，大伙都翻箱倒柜地找订书针，但不知怎的，这些平时说多少有多少的小东西，现在竟然连一根都找不到。

那时已是深夜十一点半，文件必须在次日八点大会召开之前发到经销商手中。

第十章 做事做的就是细节

总经理咆哮道："不是叫你做好准备的吗？连这点小事也做不好！"

他低头无言以对。后来，几经周折，他才在凌晨四点找到一家通宵服务的商务中心，终于赶在开会之前，将文件整齐漂亮地发到了代表手中。

事后，总经理对他说："记住，工作之中无小事，从小事做起才能干好大事。"

范立的例子告诉我们，在职场上你要想取得成功，真正的障碍，有时可能只是一点点疏忽与大意，就如同那一盒小小的钉书钉。

办公室里无小事，所有的人都是自己的"上帝"。但是许多人在思想上似乎都有着这样一个误区：成大事者必不拘小节，自己将来是做"大事"的人，所以可以不拘小节。其实，他恰恰忘了中国的一句古训："一屋不扫，何以扫天下？"如果你"大"字当头，那你多是眼高手低，纸上谈兵。你或许可以风光一时，但肯定不会风光一辈子。一步切实的行动远胜过一打空想。只有脚踏实地，从小事做起，你才有可能一步步铸就人生的辉煌。

所以，我们要养成认真对待自己每一项工作的优良习惯，开始可能不适应很痛苦，其实，只要我们养成了这样一种良好的习惯，就会成为你一生的精神财富。如果你养成了良好的工作习惯，就会对自己的工作产生一种亲切感，会从心底里把工作当成自己的第一需要，从此，工作对你来说变成了一种乐趣。而在工作中，这种习惯也会自觉地支配你的行动，让你在不知不觉中把工作干得轻松自如，有条不紊。

因此，不管你觉得自己多有水平，都要先把眼下的事情做好。这是一个细节制胜的时代，对于自己的工作无论大小，都要了解得非常透彻，数据应该非常准确，这样才能脚踏实地完成宏伟的目标。可以说，只要是自己的工作，就要彻底地对它负责。

凡事都要从小事做起，别看有时候只是一点点的小事，却可能影响到整个大局。不管你身处何位，都要事无巨细，把自己的工作做好。在做事的时候，我们同时应该严格的要求自己：第一，接了手的事必须按时、按标准完成，完不成作任何解释都无用；第二，已做完的事情，自己检查认定完全没有错误再上交，不要等领导检查出了破绽或漏洞再辩解。

总而言之，工作里面无小事。在一定程度上，对待小事的态度，能否将小事做好，决定了我们是平庸还是卓越，是成功还是失败。所以，要重视工作中的小事，将工作中的每件小事做好、做细、做实、做透！当重视小事成为了一种习惯和本能，你就一定会与优秀和成功同行！

"差不多"其实"差很多"

任何一家企业都经不起连续的"差不多"，哪怕只有1%。在你这里可能只是1%，但扩大到整个公司，所带来的损失就难以想象了。"差不多"其实是"差很多"，仅仅因为差那么一点，就使我们工作中的很多努力化为乌有……

"差不多"其实就是"差很多"，这句话初看上去好像很没有道理，但仔细想想，其实很有道理。很多时候，哪怕差的只是一点点，无论相差的是毫米还是秒，咫尺便可成天涯。就好比竞技场上，冠军与亚军的区别，有时小到肉眼无法判断。但是，两者所获得的荣誉与财富却是天壤之别，

第十章 做事做的就是细节

全世界的目光只会聚焦在冠军身上。

也许在生活中,"差不多"的生活态度能让人对事事都看得破、想得开、不计较,能算作是一个"老好人"。不过在职场上,"差不多"的心态却是必须要杜绝的。

在我们的实际工作中,身边往往会有不少人在面对工作时,总是将"差不多、过得去、慢慢来"等话语挂在嘴边。在这种意识的作用下,工作自然会出一些漏子,而当问题出现后,又总是给自己找借口:"不就是螺钉拧歪了嘛,又影响不了大局!""不就是报表里错了一个数字嘛,下次注意点就行了。""不就是文件页码装订错了嘛,下不为例就是了。"如此等等。这种心态是很致命的,因为它会让你会给你的工作带来很大的麻烦,不仅会导致公司难以获得利润,甚至还会因不慎而造成重大事故。

下面就是个最好的例子:

1993年,全国小麦价格开始上涨,一家私营面粉厂派出业务员到小麦产区进行采购。但这时产区的一些粮库都还在观望,不想卖。有一家粮库的负责人经不起业务员的纠缠,便说:"小麦有的是,你想要也行,一吨1000元,你要不要?"

这位业务员不知道自己出来这半个多月全国的小麦已经涨到什么价钱了,他拿不定主意,便给公司老板发电报问:"一万吨小麦,每吨1000元,价格高不高?买不买?"

老板看完后,很生气地对秘书说:"真是乱弹琴!现在市面上最高的价格也不到900元,给他发电报,就说价格太高!"

秘书赶紧跑到邮局发了个电报:"不太高。"

可是,没几天业务员却带着签订的购销合同回来了。老板莫名其妙,追

大公司跟对人
小公司做对事

查原因才知道，秘书在发电报时在"不"字的后面少了个句号。如果按照合同，会给公司造成一百多万元的经济损失，后来和对方多次协商，赔偿对方15万元才总算了事。当然这位秘书也因此被辞退，而由于他犯下的那个错误在当地传开，再也没有哪家公司敢用他。

"不太高"和"不。太高"看上去差不多，可就是差了一个小小的句号，意思却"差很多"。

以"差不多"的态度做事，有时会给公司带来无法想象的经济损失，也使自己的职业前途蒙上一层阴影，更有甚者，会让人付出生命的代价：1986年，美国"挑战者号"航天飞机从发射架升空72秒后爆炸，机上7名宇航员全部遇难，价值12亿美元的航天飞机在顷刻间化为齑粉，坠入大西洋。而事后探究这场世界航天史上最大惨剧发生的原因，竟然是推进器上的一条螺栓垫圈断裂造成燃料泄漏引起的。一条螺栓垫圈才值多少钱，但就因为差了这一点，就付出了惨重的代价。

企业也是一样，任何一家企业都经不起连续的"差不多"，哪怕只有1%。在你这里可能只是1%，但扩大到整个公司，所带来的损失就难以想象了。"差不多"其实是"差很多"，仅仅因为差那么一点，就使我们工作中的很多努力化为乌有，很多工作因此而前功尽弃，这样的结果总是令人扼腕痛惜的。

其实，凡事最怕"认真"二字，当你想到"差不多"时，请暂停一下，多问自己几次"真的可以'差不多'吗？差的那一点会给自己、给公司、给顾客带来什么危害"，你完全可以更进一步，不用讲"差不多"的。只有如此，我们才能彻底告别"差不多先生"，真正杜绝"失之毫厘，谬以千里"的工作失误。

窦铁成是中国中铁一局电务公司电力工，高级技师，曾先后荣获全国

第十章 做事做的就是细节

火车头奖章、铁道部劳动模范、全国五一劳动奖章等荣誉称号。他对工作有一种执著的追求,"一点也不能差,差一点也不行"是窦铁成的口头禅。他在工作中坚持从严要求,而且严得近乎苛刻。

1996年,工程监理方在验收京九铁路淮滨变电所时,得知是窦铁成班组干的,当下表示不用检了。因为他们知道"窦铁成标准"比验收标准严格得多。后来,这项工程荣获建筑业的最高奖——鲁班奖。

2006年7月,窦铁成参加了浙赣铁路铁杉铺牵引变电所的施工。这是浙赣铁路规模最大、技术含量最高的一座变电所。在安装变电所变压器时,窦铁成和工友们干了4个多小时,才终于让两台50吨重的变压器就位了。

可是,就在大家准备收工回家时,窦铁成发现机身离标准还差1厘米。

项目负责人说:"差不多了!"

但窦铁成坚持说:"不是差不多,是一点都不能差。"于是他领着大家又干了两个多小时,直到机身完全到位才收手。

有人不理解他为什么那么较真,窦铁成语重心长地说:"现在,我们经常听说大桥断了,房屋塌了,为什么?就是'差不多'人干的。'差不多'工程太多了,这是对党、对国家、对人民生命财产的不负责任!"

正如窦铁成所说,许多的大桥断裂、房屋倒塌,正是由于施工人员的"差不多"心态,如果我们能像窦铁成那样,懂得在做事时这种心态带来的危害,想必社会上会少很多惨剧的发生,而在我们的工作中也会少很多由于这种敷衍心态所带来的不良后果。

作为员工,我们无论做什么工作,都应该追求精益求精,避免敷衍了事的态度,不然你就一定会被淘汰。在一些公司里,许多员工做事只求差不多。尽管从表面来看，他们也很努力，也付出了很多，但结果却总是无法令人满意。这就是由于他们没有把根基打牢，没有注重细节，所以过不了多久，他们的工作便会像一所不牢固的房屋一样倒塌。其实，很多时候轻率和疏忽所造成的祸患不相上下。

总的来说，我们要懂得"差不多"其实和"差很多"是一个道理，就像考试得59分和0分一样，都是不及格。相反，如果你能以精益求精的精神去做事，注重细节，可以使你在你的职业生涯中走得更远。

做好小事可成大事，做好细节堪称完美

无论做什么工作，都应精益求精，把工作做到位，只有把工作做好了，才能提高工作效率和工作质量，才能获得晋升和加薪的机会。

20世纪世界上四位最伟大的建筑师之一密斯·凡·德·罗，在被要求用一句概括的话来描述他成功的原因时，他只说了五个字，"魔鬼在细节"。他还反复强调，不管你的建筑设计方案如何恢宏大气，如果对细节把握不到位，就不能称之为一件伟大的作品。

其实，不仅仅建筑艺术是如此，其他的工作也是如此，如果把它们都比喻成一件件的作品，那么，只有把握好其中的细节，才能完成一件完美的伟大的作品！这也就是人们常说的"细节成就完美"！

一个小小的细节，往往能则折射出很多的东西，所以，越是细小的地方越要精心。一位注意细节的销售员会让客户感受到一种责任，从而赢得

第十章 做事做的就是细节

他的信任与长期合作；一位注意细节的财务人员，会减少公司资金漏洞及时挽回损失。

小陈是公司里的"炸子鸡"，业绩在团队里数一数二，谁也赶不上，人际关系也是如鱼得水，更难得的是，他年纪轻轻就能独当一面。从客户到老总，都对小陈赞誉有加。人们都认为是因为小陈稳重老成，让人信任，有一种能征服别人的独特魅力。小陈听了，笑着说："哪里有那么玄乎，告诉你一个秘诀——细节成就完美！"

有一次，小陈跟随公司领导为即将参加的一个全国性会议做准备，他负责整理材料。和小陈在一起的王秘书业务娴熟，很有水平，当小陈还埋在纸堆打字的时候，他早就做完并把报告送到经理桌前了，其效率之高让小陈自叹不如。

可是，王秘书那份早熟的报告，却闹出了大笑话。经理吩咐王秘书将文中的"九万"改为"90000"，还特别叮嘱仔细检查莫要出错。可是，一目十行的王秘书双手如飞，迅速地加上了4个零，全部改成了"90000万"。在会议上，其他公司的经理们都笑嘻嘻地说："还是你们能干，看看，一下子就卖出了9个亿，是外星人开的公司吧，我们自叹不如呀。"这样的事儿，大会上还是第一次出现，让经理觉得很没面子。这件事也给经理留下了很坏的印象。相反，慢工出细活的小陈工作规规矩矩，从不出错，经理认为他扎实稳重，让人放心。两者相比较下，这也让小陈在后来升职的竞争中，出乎意料地胜出了。

后来同事说小陈幸运，小陈也笑着承认，不过他强调说："喜欢踢足球吗？你认为卡纳瓦罗那样既没有华丽技术也没有迷人外表的后卫，为什么能赢得世界杯最佳？其实就是因为细节。成功就是处理好每一个细节，只比别人少犯一个哪怕最细小的错误。你留在别人脑海里的不是一段连续的录像，而是一张张定格的照片，所以，他对你的评价，也是由一系列细节决定的。"

的确，你把自己的每一件小事、每一个小细节都做好了，自然也就将一件事情做到完美了。小陈的升职并不是因为他的工作能力要强于王秘书，也不是因为他比王秘书有背景，而是因为他比王秘书更认真，更加注重细节，更加明白细节的力量，所以他得到了升职的机会。那些细节，往往蕴涵在我们所做的每一件小事中，所以要将事情做到完美，首先就是要做好每一桩小事。

在我们的日常生活中，经常能见到这样两种人：一种是不想做小事的人，他们很多都是大事做不好，小事不想做，他们认为自己有水平、有能力，对一般的事弃而不做，不加理会；另一种是做不好小事的人，他们愿意做小事，但意识里认为小事做好的要求和标准不高，所以往往是敷衍应付，做事时漫不经心。这两种人到最后一样事都不能做好。

每个人所做的工作，都是由一件件小事构成的，对于这些看上去好不起眼的细节工作绝不能采取敷衍应付或轻视懈怠的态度。要知道，很多时候，就是这些看起来微不足道的小细节，或者一个毫不起眼的变化，却能实现工作中的一个突破。不要轻视这些细节，从小事开始，逐渐增长才干，赢得上司的认可，赢得干大事的机会，日后才能真正干大事。

汤姆·布兰德在20岁时进入美国福特汽车公司。加入公司后，他做了一番详细的调查，发现一部汽车由零件到装配出厂，大约要经过13个部门，每个部门工作性质都不相同。调查清楚后，他主动要求从最基层的杂工做起。

杂工不属于正式工人，没有固定的工作场所，哪里有零活儿，就到哪里去。但这也让汤姆有机会和各部门接触。当了一年半杂工后，汤姆申请

第十章 做事做的就是细节

调到汽车椅垫部,并很快学会了制作椅垫的手艺。后来,他又申请调到点焊部、车身部、喷漆部、车床部等部门。五年时间里,他几乎在各个部门都做过。

汤姆的父亲对他的行为很是疑惑:"你工作五年,总是做一些焊接、刷漆、制造零件的小事,恐怕会耽误前途吧?"

"爸爸,"汤姆笑着说,"我并不急于当某一部门的小工头。我以胜任领导整个工厂为工作目标,现在,我必须花时间熟悉整个流程,不仅要知道汽车椅垫如何做,还要懂得整辆汽车是如何制造的。"

最后,汤姆申请到装配线上工作,并决定在装配线上崭露头角。由于他懂得各种零件的制造工艺,也能分辨优劣,这使他的装配工作要比别人优胜很多。没有多久,他就成了装配线上最出色的人物,并很快升为领班,后来又成为15位领班的总领班。

做好每一件事,做好细节,说起来容易,但做起来却很难。汤姆·布兰德就是抓住了工作中的细节,使自己在做好每一件小事中获得成长,并最终成为福特公司最年轻的总领班。

在工作中,有的人不屑于做小事,因此他做起事来也十分消极;而另外一些人则是安心工作,像汤姆那样把做小事作为锻炼自己、深入了解公司情况、加强公司业务知识、熟悉工作内容的机会,利用小事去多方面体会,增强自己的判断能力和思考能力。

所以说,作为一名普通员工,若想从众多同事中脱颖而出,就必须用心去完成老板交给你的每一项任务。须知工作中无小事,每一件事都需要有人去做,也有做的价值,因此,即使是最普通的事,也应该全力以赴,尽职尽责地去完成。如果你能用心做好每一件小事,完善每一个你能顾及到发现到的细节,其实也就是在完成大事,让你的工作做到完美。